谈笑之间学语文

李友先　编著

中原出版传媒集团
中原传媒股份公司

大象出版社
·郑州·

图书在版编目(CIP)数据

谈笑之间学语文 / 李友先编著.— 郑州 : 大象出版社, 2018. 5
ISBN 978-7-5347-9816-0

Ⅰ. ①谈… Ⅱ. ①李… Ⅲ. ①语文教学—教学研究 Ⅳ. ①H19

中国版本图书馆 CIP 数据核字(2018)第 115993 号

谈笑之间学语文

TANXIAO ZHIJIAN XUE YUWEN

李友先 编著

出 版 人 王刘纯
责任编辑 王 策 王保健
责任校对 马 宁
装帧设计 杜晓燕

出版发行 大象出版社(郑州市开元路 16 号 邮政编码 450044)
发行科 0371-63863551 总编室 0371-65597936
网 址 www.daxiang.cn
印 刷 洛阳和众印刷有限公司
经 销 各地新华书店经销
开 本 890mm×1240mm 1/32
印 张 7.375
字 数 175 千字
版 次 2018 年 6 月第 1 版 2018 年 6 月第 1 次印刷
定 价 18.50 元

印厂地址 洛阳市高新区丰华路三号
邮政编码 471003 电话 0379-64606268

写给语文爱好者（代序）

朱继彪

中国语文，是滋味甘甜的美酒，让你回味无穷；中国语文，是色彩缤纷的花园，让你流连忘返；中国语文，是旋律优美的音乐，让你听之动容。中文，是世界上最美丽、最典雅的文字。因此，学好语文、用好语文、传播好语文，是我们每一位中华儿女义不容辞的历史责任。

本书编撰者从教四十三年，在长期的教学工作中，坚持趣味教学、用通俗押韵的歌诀教学，于是就编写了一些关于语言文字方面的顺口溜，辑录了一些逸闻趣事，现在献给大家，以激发语文爱好者学习语文的兴趣，使自己的语文水平提高到一个崭新的阶段；给将要参加中考、高考的莘莘学子提供一些参考，让自己在考试语文学科时取得更好的成绩；对在职语文教师提供一些趣味资料，使自己的课堂教学效果达到理想境界。

本书章节按中考、高考语文必考内容编排，依次划分为语音、标点、文字、语法、修辞、逻辑、写作、集锦等章节。

汉语拼音，一学就会，一放就忘，枯燥无味。编者在20世纪六七十年代每年暑假给全县教师培训当辅导老师时，就把每个声母、韵母编成了顺口溜，使之趣味化，书中选了一部分。在中、高考评卷时，发现诸多考生对普通话的一、三声搞不准，根据自己多年的探索，总结出“一、三互换”定律，即本书中的“河南话声调标法歌诀”。其中引用了一些趣闻、史料，希望能帮大家把拼音学好用好。

编者在批改学生作文时老是发现不少学生根本不把标点符号放在眼里，要么书写不规范，要么一逗到底。他们不知道有时标点符号能够表达文字无法表达的内容。因此，就编写了“标点符号用法歌诀”“标点救命”“毛泽东改标点”等趣闻，以启示大家规范使用标点符号。

汉字，是汉文化的脊梁，是中华民族智慧的结晶，应准确无误地继承、发扬、光大。因此，编者从不同的角度反复以趣味的方式强化“字，必须规规矩矩地写”。

语法、修辞、逻辑常识，早些年中考、高考都考，近些年淡化了，但是，写出的文章句子不合语法、违反逻辑也不行；不用各类修辞手法，文章乏味，像个瘪三，也是不好的。因此，编者在这几个章节里编写了一些歌诀、趣闻，想让大家比较准确地掌握语法、修辞，适当学点逻辑常识。

写作，是本书的重头戏。因此编者在这一章节里，费了大力气编了一些歌诀，辑录了许多逸闻趣事，从写文章的观察、构思，到文章的书写、修改，以至于语言的积累，以及下一章的“集锦”，都体现了编者的良苦用心。

编者倾大半生心血，艰难困苦，玉汝于成，力求融故事性、知识性和趣味性为一炉，使读者在轻松愉悦之间，学好语文。有人说，得语文者得高考，其实一点也不假。基于此，我真诚地向读者推荐此书，想必大家会从中得到教益。

2018 年 3 月

（朱继彪，中华诗词学会会员，河南诗词学会副会长，永城市诗词学会会长，永城市作家协会副主席，永城市汉文化研究会副会长兼秘书长）

目录

第一章 语音

1. 汉语拼音·文化津梁

汉语拼音，简称拼音，是中华人民共和国以拉丁字母作为汉字标音的方案，原中国文字改革委员会汉语拼音方案委员会研究制定，中华人民共和国全国人民代表大会 1958 年 2 月 11 日正式通过。该拼音方案主要用于汉语普通话读音的标注，作为汉字的一种普通话音标，一开始主要应用于教育领域，在师范、中小学校、成人补习学校、扫盲机构等方面逐步推行。

随着社会的发展，汉语拼音应用范围急速扩大，速度惊人，显著地应用于工商业领域。它不但是小学识字的工具，还是人们信息传输的媒介，更是国内的文化钥匙，甚至延伸成为国际的文化桥梁。汉语拼音，在国内作为基础教育内容全面使用，是义务教育的重要内容；在国际上，也是被普遍承认的汉语普通话拉丁转写标准。在海外，特别是常用华语的地区，如新加坡、马来西亚、菲律宾等国家，目前也在汉语教育中进行汉语拼音教学。中国台湾地区自 2009 年开始，中文译音也采用汉语拼音。

2. 普通话的“别名”

汉民族早在先秦时期就有了民族的共同语，这种共同语当时被称为“雅言”（见《论语·述而》），从汉代起被称为“通语”（见扬雄的《方言》），明代改为“官话”，五四新文化运动前夕，有识之士推动“国语运动”，确立北京话为我国的“国语”，这个称呼一直沿用到中华人民共和国成立。

中华人民共和国成立前夕，吴玉章写信给毛主席，提出全国各地要以较普遍的、通行最广的北方话为标准，使全国语言有一个统一的发展方向。毛主席对此十分重视，立即将此信转给郭沫若、马叙伦、沈雁冰等学者审议。1949 年 10 月 10 日，中国文字改革协会成立。1955 年 10 月，全国文字改革协会在北京隆重举行会议，会上通过了《汉字简化方案》和推广普通话的决议。1956 年 2 月，国务院向全国发出《关于推广普通话的指示》，《关于推广普通话的指示》把普通话的定义明确为“以北京语音为标准音，以北方话为基础方言，以典范的现代白话文著作为语法规范”的现代汉民族共同语。

从此以后，“普通话”这个概念出现了！

3. 声母歌

1=F $\frac{2}{4}$

ii 65 | ii 65 | i · 6 | 5 — |

bp mf dt nl g k h

33 3 | 26 53 | 2 3 | 1 — ||

j q x zh ch sh r z c s

4. 声母诗

ch r q m z c s j t n

春 日 起 美 早，采 桑 惊 啼 鸟。

f g p b x h k l zh d sh

风 过 扑 鼻 香，花 开 落，知 多 少。

z y j n m x b d f l
子 夜 久 难 明，喜 报 东 方 亮。
c r sh g s t p zh k q h ch
此 日 笙 歌 颂 太 平，众 口 齐 欢 畅。
（两首诗，各包含了所有 21 个辅音声母，通过朗读复习声母的发音）

5. 四声歌诀

第一声，起音高高一路平，（阴平）
第二声，由中到高往上升，（阳平）
第三声，先降然后再扬起，（上声）
第四声，高处降到最低层。（去声）

6. 标调歌诀

韵母标调有办法，音节当中先找 ɑ；
没有 ɑ 找 o、e，i、u 并列标尾巴；
i 上标调把点去，轻声不标都空下；
单个韵母一定标，调号不要写歪斜。

7. 河南话声调标法歌诀

河南话与普通话，一、三两声差别大，
如将二者相互换，正确率是十九八。

说明：河南话与普通话二、四声基本相同。唯第一、三两声差别较大，可将两声互换，即河南音第一声换成第三声，即普通话声调；河南音第三声换成第一声，即普通话声调。互换后，正确率可达到 97% 左右。如：恼，河南音读为第一声 nāo，普通话为第三声 nǎo。再如：弯，河南音读为第三声 wǎn，普通话为第一声 wān。

8. Y、W 用法歌诀

同学们，仔细听，y、w 变化要记清，

加 w 只有 u 一个，加 y 先有 i、in、ing；

ü 头韵母全加 y，记住口诀大胆用，

其他 u 头全换 w，放心去改错不能。

9. 省写歌诀

iou、uei、uen 别害怕，自成音节变化大。

如果前面有声母，去掉 o、e 就对啦。

10. 隔音口诀

ɑ、 o 、e 开头，又接它音后，

两音易混淆，隔音号来标。

11. 字母大写歌诀

人名地名专用名，开首字母大写明。

叙写句子要注意，第一字母有样行。

12. ü 母省写歌诀

凡带 ü 母要注意，独立去点前加 y，

n、l 相拼不去点，去点只拼 j、q、x。

说明：凡带 ü 的韵母（ü、üe、üɑn、ün），自成音节时，都要去掉 ü 上的两点，并在前面加 y，如鱼（yú）等。ü 和 j、q、x 相拼时，ü 上两点去掉。

13. ɑ 韵歌诀

ɑ 韵发音口形大，许多声母都爱它，

遇到 j、q、x 和 r，口口声声喊冤家。

说明：j、q、x、r 不直接和 a 相拼。（下同）

14. i 韵歌诀

i 韵头戴一朵花，g、k、h、f 都烦它，

zh、ch、sh、r、z、c、s，一路走来话不拉。

说明：g、k、h、f 不直接和 i 相拼，i 在 zh、ch、sh、r、z、c、s 之后，发生音变现象。

15. u 韵歌诀

u 韵口形小，发音似吹哨，

除去 j、q、x，声母个个好。

16. ai 韵歌诀

ai 韵坏脾气，不拼 j、q、x，

f、r 来相会，瞪眼像仇敌。

17. ei 韵歌诀

ei 韵朋友整十个，b、p、m、f、d 和 n，

加上 l、g 八个整，h、z 来了才够数。

18. ao 韵歌诀

ao 韵声母二十多，但是不拼 f，

拉住 j、q、x，一定要犯错。

19. ou 韵歌诀

ou 韵生来怪，u、o 倒着排，

不拼 j、q、x，b、n 也不爱。

20.er 韵歌诀

er 韵无朋友，发音卷舌头，

跟着汉字走，e 字不牵手。

说明：er 韵是个特殊的韵母，它不和其他声母相拼，自成音节，常附在汉字之后，此时 e 可省掉。如“花儿”，不写成 huāer，而写成 huār。

21.an 韵歌诀

an 韵用处大，声母拼十八，

加上 j、q、x，一定出偏差。

22.en 韵歌诀

d、t、n、l、j、q、x，各行各业创奇迹，

en 韵出头来批评，七个声母不愿意。

23.eng、ang 韵歌诀

eng、ang 尾巴长，逢人唱二簧，

遇到 j、q、x，溜走把身藏。

24.ong 韵歌诀

姐妹七八个，围着 ong 韵坐，

b、p、m、f 不张嘴，j、q、x、sh 没话说。

说明：ong 韵不与这些声母直接拼读。

25. ing 韵歌诀

ing 韵生来朋友稀，g、k、h、f 都不喜，

zh、ch、sh、r 也不爱，z、c、s 来像仇敌。

26. ie 韵歌诀

ie 韵今日笑嘻嘻，十个朋友都到齐，

b、p、m 三个先来到，后跟 d、t、n、l、j、q、x。

27. in 韵歌诀

in 韵高举团结旗，亲密朋友一大批，

b、p、m、n、l，还有 j、q、x。

28. un 韵歌诀

un 韵像俩盆，放时颠倒搁，

不拼声母 j、q、x，不拼 b、p、m、f、n。

29. iu 韵歌诀

iu 韵一心要请客，请来请去有七个，

m、d、n、l、j、q、x，加上自己共八个。

30. ui 韵歌诀

ui 韵脾气坏，b、p、m、f 不理睬，

见了 n、l 不说话，j、q、x 见到藏起来。

31. 这副对联怎样念？

从前，有个卖豆芽的，请人写了一副对联贴在门上。上联是七个“长”字，下联也是七个“长”字，横额是四个“长”字。

卖豆芽的人不识字，以为写对联的人捉弄他，就去问写对联的人。写对联的人来到他家门口，当众把对联念了一遍，大家都称赞对联写得好。请想想看，写对联的人是怎样念的。这副对联的意思是什么？

答案：上联：cháng zhǎng cháng zhǎng cháng cháng zhǎng 意思是：（豆芽）常长常长常常长。下联：zhǎng cháng zhǎng cháng zhǎng zhǎng cháng 意思是：（豆芽）长高长高快快长高。横批：cháng zhǎng cháng zhǎng 意思是：快快长，长长高。

32. 对联趣读

清代的梁章钜在《楹联丛话》中有过这样一段记载：

福州城外，有个星罗塔，三面临海，波涛汹涌，不知谁在塔上题了一副七字联，内容是"朝朝朝朝朝朝夕，长长长长长长消"。路人见了不知所谓，觉得好生奇怪。后来有一道士路过此地，读罢对联，大为赞赏。众人请他解释，道士笑了笑，说出其中的道理。

请你读一读试试，并解释一下，好吗？

答案：
zhāo zhāo cháo zhāo cháo zhāo xī
朝 朝 潮 朝 潮 朝 夕，
cháng cháng zhǎng cháng zhǎng cháng xiāo
常 常 涨 常 涨 常 消。

33. "种"字的趣读

"种"字有如下不同的读音和意义：

① zhǒng：种类、品种、种子。（名词）

② zhòng：种植。（动词）

③ chóng：作姓氏的读音。

请给下面句子中的"种"字分别注上正确的读音和词义。

花种种种，种来种种香。

huā zhǒng zhǒng zhǒng　zhòng lái zhǒng zhǒng xiāng
答案：花　种　种　种，种　来　种　种　香。

词义：花种（种子）种种（种类），种（种植）种种香。

34. 多音字趣读

①着：他边忙着找衣服边说："可别着了凉，你正着手办厂，今后还要看你那一着的厉害呢！"

②参：请你参谋一下：人参苗为啥出得参差不齐。

③差：差错差遣差不多。

答案：① zhe zháo zhuó zhāo

② cān shēn cēn

③ chā chāi chà

35. 以画传语音

从前，有一对恩爱夫妻，因家里贫穷丈夫外出做工。丈夫挣了钱后，托人捎给妻子200两银子，妻子不识字，收到银子后画了幅画让来人捎给丈夫。画的是：两棵柏树、两只大苍蝇、一只倒地的水筲。丈夫看到画，就放心了。

聪明的读者，你能读出画面的语音吗？

答案：二柏（百）两蝇子（银子）筲倒了（捎到了）。

36. 姓氏的异读

区（ōu 欧）	仇（qiú 求）	朴（piáo 瓢）	任（rén 人）
华（huà 化）	员（yùn 运）	单（shàn 善）	冼（xiǎn 显）
种（chóng 虫）	解（xiè 谢）	翟（zhái 宅）	蔚（yù 玉）
燕（yān 烟）	繁（pó 婆）	缪（miào 妙）	会（kuài 块）
不（fōu 否）	毌（guàn 贯）	句（gōu 沟）	乐（yuè 月）

召（shào 少）　台（yí 夷）　倪（ní 尼）　陆（lù 录）
万俟（mòqí 复姓）　折（shé 舌）　纪（jǐ 几）　查（zhā 扎）
尉迟（yùchí 复姓）　长孙（zhǎngsūn 复姓）　单父（shànfǔ 复姓）
令狐（línghú 复姓）　相里（xiànglǐ 复姓）　浇（ào 敖）
契（xiè 泄）　能（nài 耐）　卜（bǔ）　阿（ē）
车（chē）　屯（zhūn）　枞（cōng）
宓（fú，今又读 mì）　为（wéi）　知（zhì）
要（yāo）　正（zhèng）　哈（hǎ）　洼（guī）
宁（nìng）　都（dū）　莘（shēn）　莞（guān）
俱（jū）　隽（juān）　奢（shá）　盛（shèng）
过（guō）　曲（qū）　盖（gě）　铫（yáo）
淖（zhuō）　眭（suī）　覃（qín，又读 tán）
蒯（kuài）　番（pó）　祭（zhài）　曾（zēng）
絮（nǜ）　蒙（méng）　裨（pí）　蕃（pí）
稽（jī）

37. 纪晓岚，一片茶叶被判刑

清乾隆年间，在北京当官当得顺风顺水的纪晓岚，突然因为一片茶叶，被判刑发配新疆乌鲁木齐。这是怎么回事儿呢？事情是这样的：

现在的北京市琉璃厂南珠市口西大街 241 号，是《四库全书》编纂者纪晓岚生活、工作了 64 个年头的地方，纪晓岚 11 岁就落户于此，现在已辟为纪晓岚故居。纪晓岚有一个特别要好的朋友，两人是忘年交。他就是扬州两淮的盐官、长纪晓岚 35 岁的卢见曾。后来，纪晓岚的长女又与卢见曾的孙子结婚，两家结为亲家。1768 年，有人告发卢见曾受贿白银 90 万两，纪晓岚就把要彻查卢见曾的消息告诉卢见曾，让他早作打算。

据说，纪晓岚给卢见曾寄了一个空信封，里面除了一片茶叶，其他什么也没有，卢见曾接到信立马明白了，这是要“查”。（“查”与“茶”是同音字）

不知怎的，纪晓岚寄信的消息被人一纸诉状告到乾隆那儿。乾隆大怒，据《清高宗实录》记载，圣谕：纪昀瞻顾亲情，擅行通信，情罪亦重，发配乌鲁木齐，效力赎罪。

38. 请你读对联

刘兰芳说的评书，深受广大听众的欢迎，听众送给她一副对联，请你读一下。

上联：传传，传传，传古传，传传传韵；

下联：调调，调调，调新调，调调调腔。

答案：上联：chuán zhuàn，chuán zhuàn，chuán gǔ zhuàn，zhuàn zhuàn chuán yùn；下联：tiáo diào，tiáo diào，tiáo xīn diào，diào diào tiáo qiāng。

39. 字母对联新奇独特

当代楹联家杨世光先生，曾为某休闲娱乐场所撰写过一副对联，其独特处可谓前无古人。这副对联中一连嵌进了八个大写的字母。全联如下：

骑 M 马，挥 L 鞭，跨 V 谷，放开 O 口唱春色；

过 H 桥，走 S 路，攀 A 峰，登上 T 台观曙光。

这八个字母惟妙惟肖地“描摹”出联文所表述的意思，让人如见似睹。你看，人骑在马背上，马不正是 M 形的吗？L 多像骑士手中的马鞭！山谷不正是 V 形的吗？歌唱时张开大口多么像个 O 字，H 不正像一座大桥吗？S 活像弯曲的道路，A 简直是山峰的简笔画，把“舞台”称作“T 台”也十分形象、流行。

40. 字母的奇想

A：挺拔的大山，向上只有一个休憩的小站。

B：人们啊，请不要满足于八分的收成。

C：永远圆不了，是因为每一次都半途而废。

D：月有阴晴圆缺，人有悲欢离合。

E：一步一步地向上，才能看到遥远的地方。

F：是一把智慧的钥匙，只送给钟情她的人。

G：运动员美的体形，来之于艰苦的锤打。

H：只有团结，你我才能并驾齐驱。

I：顶天立地，方显出有志者的本色。

J：水里有铁制的鱼钩，人间何尝没有它。

K：交响乐队的指挥，凝视着整个乐队。

L：一把不歇的锄头，开拓着荒芜的土地。

M：低谷与险峰，构成了多姿多彩的生活。

N：未雨先闪电，你成了预报风雨的使者。

O：周而复始，但不是简单的重复。

P：永远不倒，是旗帜的天性。

Q：阿桂走了，儿子犹在，孙子也不绝。

R：要想有所成功，首先得跳过这“山羊”。

S：弯弯曲曲，人生之路的象形文字。

U：不是一张安逸的床，而是一个危险的坑。

V：是取得胜利的标志，是逃兵投降的手。

W：有深有浅，当心汪洋中的暗礁与浅滩。

X：是四通八达的路标，还是禁止通行的封条？

Y：尽管是一株幼苗，但你知道向上的重要。

Z：放慢速度转弯，是为了以后的迅跑。（摘自《语文报》）

41. 多音字重叠成佳联

古时候，有个姓解的解元，一日外出回家，又热又渴，忙招呼侍女倒茶。侍女送来茶水后，随口吟出：“一杯香茶，解解解解元之渴。”解元一听，竟忘了口渴，连称：“妙句，妙句啊！”一字四叠，前两个“解”，为“解渴”之“解”，第三个“解”为“解元”之姓，第四个“解”为“解元”之“解”。

京城里有一姓乐的乐师，一日回家不见夫人的身影，只闻清唱之声，便责备说：“不理家事，唱曲为何？”夫人笑答：“两支清曲，乐乐乐乐师之心。”前两个“乐”为“娱乐”之“乐”，第三个“乐”是乐师之姓，第四个“乐”是“乐师”之“乐”。

乐师夫人的下联对解元侍女的上联，简直天衣无缝。

42. 趣记多音字

①单：单（shàn，姓）老师说，单于（chányú，匈奴族首领）只会骑马，不会骑单（dān）车。

②折：这两批货都打折（zhé）出售，严重折（shé）本，他再也经不起这样折（zhē）腾了。

③喝：武松大喝（hè）一声：“快拿酒来！我要喝（hē）十二碗。”博得众食客一阵喝（hè）彩。

④着：你这着（zhāo，名词）真绝，让他干着（zháo，动词）急，又无法着（zhuó）手应付，心里老是悬着（zhe）。

⑤量：有闲心思量（liáng）她，没度量（liàng）宽容她。野外测量（liáng）要量（liàng）力而行。

⑥沓：他把纷至沓（tà）来的想法及时写在一沓（dá）纸上，从不见他有疲沓（ta）之色。

⑦烊：商店晚上也要开门，打烊（yàng，晚上关门）过早不好，糖烊（yáng，溶化）了都卖不动了。

⑧载：据史书记载（zǎi），王昭君多才多艺，每隔三年五载（zǎi）匈奴首脑聚会，她都要载（zài）歌载（zài）舞。这种说法是从网上下载（zài）的。

⑨曝：他参加体育锻炼缺乏毅力、一曝（pù）十寒的事，被曝（bào）光了。

⑩宁：他宁（nìng）死不屈，决不息事宁（níng）人。

⑪和：天气暖和（huo），小和（hé）在家和（huò，动词）泥抹墙。他讲原则，是非面前从不和（huò）稀泥，也不随声附和（hè，动词）别人，更不会在麻将桌上高喊："我和（hú）了。"

⑫省：某省（shěng）的贪官，如早些省（xǐng）悟就不至于被罢官丢职、气得不省（xǐng）人事了。

⑬拗：这首诗写得太拗（ào）口了，但他执拗（niù）不改，气得我把笔杆都拗（ǎo）断了。

⑭臭："臭（chòu）气熏天"的"臭"是指气味，"无声无臭（xiù）"的"臭"是泛指一般气味。

⑮度：度（dù，姓）老师宽宏大度（dù，名词），一向度（duó，动词）德量力，从不以己度（duó，动词）人。

⑯哄：他那像哄（hǒng）小孩儿似的话，引得人们哄（hōng）堂大笑，大家听了一哄（hòng）而散。

⑰丧：他穿着丧（sāng）服，神情沮丧（sàng）。

⑱差：他的牙齿参差（cī）不齐，每次出差（chāi），差（chà）不多都要出点差（chā）错。

⑲扎：鱼拼命挣扎（zhá），鱼刺扎（zhā）破了手，他随意包扎（zā）一下。

⑳埋：他自己懒散，却总是埋（mán）怨别人埋（mái）头工作。

㉑盛：盛（shèng，姓）老师盛（shèng）情邀我去他家做客，并帮我盛（chéng）饭。

㉒伧：这个人衣着寒伧（chen），语音伧（cāng）俗。

㉓创：勇于创（chuàng）造的人难免会遭受创（chuāng）伤。

㉔伯：我是她的大伯（bó），不是她的大伯（bǎi）子。

㉕虐：发虐（yāo）子就是患了虐（nüè）疾。

㉖看：看（kān）守大门的保安也很喜欢看（kàn）小说。

㉗行：银行（háng）发行（xíng）股票，报纸刊登行（háng）情。

㉘艾：他在耆艾（ài）之年得了艾（ài）滋病，整天自怨自艾（yì）。

㉙把：你把（bǎ）水缸把（bà）摔坏了，以后使用没把（bǎ）柄了。

㉚荷：荷（hé）花旁边站着一位荷（hè）枪实弹的战士。

㉛涨：我说她涨（zhǎng）了工资，她涨（zhàng）红了脸摇头否认。

㉜奇：数学中奇（jī）数是最奇（qí）妙的。

㉝炮：能用打红的炮（pào）筒炮（bāo）羊肉和炮（páo）制药材吗？

㉞给：请把这封信交给（gěi）团长，告诉他，前线的供给（jǐ）一定要有保障。

㉟冠：他获得冠（guàn）军后就有点儿冠（guān）冕堂皇了。

㊱干：穿着干（gān）净的衣服干（gàn）脏活，真有点儿不协调。

㊲巷：矿下的巷（hàng）道与北京的小巷（xiàng）很相似。

㊳薄：薄（bò）荷味不薄（báo），很受欢迎，但要薄（bó）利多销。

㊴拓：拓片、拓本的“拓”读 tà，开拓、拓荒的“拓”读 tuò。

㊵恶：这条恶（è）狗真可恶（wù），满身臭味，让人闻了就恶（ě）心。

㊶便：局长大腹便便（pián），行动不便（biàn）。

㊷宿：小明在宿（sù）舍说了一宿（xiǔ）有关星宿（xiù）的常识。

㊸号：受了批评，小号（hào）手号（háo）啕大哭。

㊹藏：西藏（zàng）的布达拉宫是收藏（cáng）大藏（zàng）经的宝库。

㊺轧：轧（zhá）钢厂工人很团结，没有互相倾轧（yà）的现象。

㊻卡：藏匿毒品的卡（kǎ）车过关卡（qiǎ）时被截住了。

㊼调：出现矛盾要先调（diào）查，后调（tiáo）解。

㊽模：这两件瓷器模（mú）样很相似，像是一个模（mó）型做出来的。

㊾没：驾车违章，证件被交警没（mò）收了，他仍像没（méi）事儿人一样。

㊿舍：真舍（shě）不得离开住了这么多年的宿舍（shè）。

51殷：老林家殷（yīn）实，那清一色殷（yān）红的实木家具令人赞叹不已。

52还：下课后我还（hái）要去图书馆还（huán）书。

53系：你得系（jì）上红领巾，去学校联系（xì）少先队员来参加活动一事。

54假：假（jiǎ）如儿童节学校不放假（jià），咋办？

55降：我们有办法让从空中降（jiàng）落的敌人投降（xiáng）。

56脯：胸脯（pú）、果脯（fǔ）中的“脯”不是同一个读音。

57间：他俩之间（jiān）的联系从未间（jiàn）断过。

58石：两石（dàn）石（shí）子装不了一卡车。

59劲：球场上遇到劲（jìng）敌，倒使他干劲（jìn）更足了。

60茄：我不喜欢抽雪茄（jiā），我喜欢吃番茄（qié）。

61刨：我刨（bào，推刮）平木头，再去刨（páo，挖掘）花生。

62弹：这种弹（dàn）弓弹（tán）力很强。

⑥3扒：他扒（bā）下皮鞋，就去追扒（pá）手。

⑥4散：我收集的材料散（sàn）失了，散（sǎn）文没法写了。

⑥5数：两岁能数（shǔ）数（shù）的小孩儿已数（shuò）见不鲜了。

⑥6参：人参（shēn）苗长得参（cēn）差不齐，还让人参（cān）观吗？

⑥7会：会（kuài）计工作会（huì）议一会（huì）儿就结束。

⑥8簸：他用簸（bò）箕簸（bǒ）米。

⑥9吓：敌人的恐吓（hè）吓（xià）不倒他。

⑦0胖：肥胖（pàng）并不都是因为心宽体胖（pán），而是缺少锻炼。

⑦1耙：你用犁耙（bà）耙（bà）地，我用钉耙（pá）耙（pá）地。

⑦2伺：边伺（cì）候他边窥伺（sì）动静。

⑦3好：好（hào）逸恶劳、好（hào）为人师的做法都不好（hǎo）。

⑦4咳：咳（hāi）！别再咳（hāi）声叹气啦。你怎么又咳（ké）起来了？

⑦5处：教务处（chù）正在处（chǔ）理这个问题。

⑦6囤：大囤（dùn）、小囤（dùn）都囤（tún）满了粮食。

⑦7缝：这台缝（féng）纫机有裂缝（fèng）。

⑦8澄：澄（dèng）清混水易，澄（chéng）清问题难。

⑦9扇：他拿着扇（shàn）子却扇（shān）不来风。

⑧0得：你得（děi，必须）把心得（dé）体会写得（de）具体、详细些。

⑧1屏：他屏（bǐng）气凝神躲在屏（píng）风后面。

⑧2几：这几（jǐ）张茶几（jī）几（jī）乎都要散架了。

⑧3卷：考卷（juàn）被风卷（juǎn）起，飘落到了地上。

⑧4乐：音乐（yuè）教师姓乐（yuè），他乐（lè）于助人。

⑧⑤了：他瞭望半天，对地形早已了（liǎo）如指掌了（le）。

⑧⑥吭：小李一声不吭（kēng），小王却引吭（háng）高歌。

⑧⑦畜：畜（xù）牧场里牲畜（chù）多。

⑧⑧称：称（chèng，同“秤”）杆的名称（chēng）、实物要相称（chèn）。

⑧⑨弄：别在弄（lòng）堂里玩弄（nòng）小鸟。

⑨⓪俩：他兄弟俩（liǎ）要猴的伎俩（liǎng）不过如此。

⑨①露：他刚一露（lòu）头，就暴露（lù）了目标。

⑨②重：老师很重（zhòng）视这个问题，请重（chóng）复一遍。

⑨③率：他办事从不草率（shuài），效率（lǜ）一向很高。

⑨④空：有空（kòng）就好好读书，尽量少说空（kōng）话。

⑨⑤泊：小船漂泊（bó）在湖泊（pō）里。

⑨⑥朝：小明朝（zhāo）气蓬勃地朝（cháo）前走。

⑨⑦膀：膀（páng）胱炎会使人膀（pāng）肿吗？

⑨⑧校：上校（xiào）到校（jiào）场找人校（jiào）对材料。

⑨⑨强：小强（qiáng）很倔强（jiàng），做事别勉强（qiǎng）他。

⑩⓪塞：塞（sài）外并不闭塞（sè）。塞（sāi）子塞（sāi）不住漏洞。

⑩①辟：随意诬陷别人搞封建复辟（bì）可不行，得辟（pì）谣。

⑩②倒：瓶子歪倒（dǎo）了，水倒（dào）了出来。

⑩③都：大都（dū）市的人口都（dōu）很多。

⑩④匙：汤匙（chí）、钥匙（shi）都放在桌子上。

43. 同音字促成好姻缘

从前，有一女孩儿早已过了谈婚论嫁的年龄，成了“剩女”。恰巧，邻居财主家来了一位长工，小伙子长得眉清目秀，高大壮实。一天，两人相遇，一见钟情。

可是，这女孩儿一直想嫁一个有钱的人家，便“审问”长工：“你家有几顷地？”答：“有几十顷地。”“有楼吗？”答：“有。”“东楼西楼？”“东楼西楼都有。”女孩儿回家把这个情况告诉父母，父母很高兴地同意了这桩婚事。

不久，两人回到了长工的老家。到家一看，只有两间黑暗破旧的低矮堂屋。女孩儿问：“你家的楼呢？”长工从墙角找了一捆苘（一年生草本植物，茎皮纤维可用来制绳索或织麻袋），搿下一批儿，说：“走，咱去量量咱家有几苘地。”实际上，长工家只有祖上留下的一亩多地。女孩儿又问：“咱家的楼呢？”长工从屋西山墙上拿下一把破筢子，摽好，说：“给！你想上东搂（楼）上东搂（楼），想上西搂（楼）上西搂（楼）。”女孩儿这时傻眼了。

不过，后来小两口恩恩爱爱，日子过得也不错。

44．河南话里 17 个会说不会写的字

①潲（shào）：【释义】雨滴斜着落下来，落到屋里，或者身上。
【举例】还不好好打伞，雨都潲身上了！

②绰（chāo）：【释义】迅速拿起一个物体。
【举例】绰起一个酒瓶就砸了下去。

③跍堆（kūdui）：【释义】蹲着。
【举例】你往那边跍堆跍堆。

④脬（pāo）：【释义】用于形容屎、尿的单位词。
【举例】等一下，我先撒脬尿。

⑤抻（chēn）：【释义】拉长、伸长。
【举例】你坐过去点儿，让我把脚抻开。

⑥馏（liù）：【释义】把已经熟了但是凉的食物加加热。
【举例】把馍给馏馏，该吃饭了。

⑦薅（hāo）：【释义】薅草，拔草之意。

【举例】地里那么多草，你也不薅薅。

⑧将（jiāng）：【释义】特指牲畜繁殖。

【举例】他家的狗又将了一窝。

⑨拚（bǎn）：【释义】扔，丢弃。

【出处】西汉扬雄《方言》卷十：拚，弃也。楚凡挥弃物谓之拚。

【举例】把这些垃圾拚出去。

⑩谝（piǎn）：【释义】炫耀、夸耀或骄傲地显示。

【出处】东汉许慎《说文解字》：谝，便巧言也。清蒲松龄《增补幸云曲》第十六回：这奴才不弹琵琶，光谝他的汗巾子，望我夸他。

【举例】他买了个戒指，老在我面前谝。

⑪哕（yuě）：【释义】呕吐，或要吐而吐不出东西来。

【出处】明张自烈《正字通》：方书有物无声曰吐，有声无物曰哕，有声有物曰呕。

【举例】吃得不舒服，想干哕。

⑫搲（wǎ）：【释义】以手或瓢状舀取。

【出处】宋司马光《类篇》：吴俗谓手爬物曰搲。元人杂剧《陈州粜米》第一折：他那边又搲了些米去了。

【举例】没吃饱，再给我搲点儿米饭。

⑬扽（dèn）：【释义】拉，猛拉，使伸直或平整。

【出处】清《康熙字典》：《唐韵》《集韵》都困切，音顿。撼也。又《博雅》引也。一曰摩也。

【举例】刚洗好的床单太皱了，来，跟我一起扽平整。

⑭鬻（yū）：【释义】液体沸腾溢出。

【出处】宋《广韵》：鬻，薄没切：说文吹釜溢也。清《说文解字》段玉裁注：今江苏俗谓火盛水鬻溢出为铺出，鬻之转语也，正字当作鬻。

【举例】米汤煮得快鬻出来了。

⑮醭（bú）：【释义】酒、酱、醋等因腐坏而生的白霉，亦泛指一切东西受潮而表面出现霉斑。

【出处】宋杨万里《风雨》：梅天笔墨都生醭，棐几文书懒拂尘。

【举例】这个菜赶快放冰箱里面，要不明天就起醭了。

⑯敹（liáo）：【释义】粗线缝缀。

【出处】民国章炳麟《新方言》：凡非绽裂而粗率缝之曰敹。

【举例】袖口炸线了，给它敹几针就好了。

⑰嬔（fàn）：【释义】禽类下蛋；生子多而整齐划一，也是繁殖的意思。

【出处】清《康熙字典》：同娩。息也。清《说文解字》段玉裁注：谓生子多而如一也。

【举例】昨晚，他家的老母鸡又嬔了三个鸡蛋。

45. 千年求解的奇特对联

在新浪网友释迦海伦的博文里看到一副千年奇联，讲的是重庆市江津四面山朝源观上有一副千年无解的对联。

这副对联刻在四面山朝源观山门牌坊上。

上联：善茅长长长长长长长长

读音：shanmaochang，changzhang，changzhang，zhangchangchang

下联：习三乘乘乘乘乘乘乘乘

读音：xisancheng，shengcheng，shengcheng，chengshengsheng

横批：荡荡自清

读音：dangdangziqing

出于好奇，笔者试将此联解读如下，抛砖引玉，以待有识之读者指正。

无疑，这是一副多音字组成的对联。平仄交错，重叠起伏，暗藏佚名作者的玄机。

真是千古奇联！试解读如下：在此联中“善”字作动词解，爱惜之意。《荀子·强国》有“善日者王，善时者霸”，笔者从整副对联词义解读，认为这里“善”字应为“爱惜”之意。“习”亦作动词解，学习之意。上联试解：爱惜像茅草一样的小生命，世间万物就会绵延不断，生生不息。下联试解：学习佛教学说的精髓教义，顺应自然变化规律，就能达到极高境界（极乐世界）。横批试解：胸怀恬淡，洁身自好。

如以上解释成立，则这副对联佚名作者的创作意图无疑在告诉世间来去匆匆的人们：不以善小而不为；万事要从小事做起，爱惜世间弱小的生命，世界因生命的存在而生生不息，绵延永恒。学习人类创造的文明知识，胸怀恬淡，洁身自好，就能感悟和顺应大自然变化的规律，从而使自己达到极高的人生境界。

当然，要想解出这副千古奇联，不仅要了解重庆江津区朝源观的历史人文背景，更要了解当地的风土人情，笔者只是觉得有趣，好奇，在这里献丑了。

第二章 标点

1. 标点符号的来历

古时候是没有标点符号的，文章读起来很吃力，甚至会产生误解。到了汉朝才发明了“句读”符号，语意完整的一小段为“句”，句中语意没完、语气可停的一小段为“读”（音逗）。宋朝时始用“，”“。”来表示句读。明代才出现了人名号和地名号，这些就是我国最早的标点符号。1919 年国语统一筹备会在我国原有标点符号的基础上，参考各国通用标点符号，提出了《请颁行新式标点符号议案》，规定了 12 种符号，由当时教育部颁布全国。中华人民共和国成立后，原国家新闻出版署进一步总结了标点符号的用法规律，于 1951 年刊发了《标点符号用法》，同年 10 月政务院作出了《关于学习标点符号用法的指示》。从此，标点符号才趋于完善，有了统一的用法。

2. 标点符号用法歌诀

写文章要用标点，最常用的记心间。
句号（。）是个小圆圈，用它表示话说完；
逗号（，）像只小蝌蚪，话没说完才出现；
问号（？）好像耳朵样，表示一句问话完；
叹号（！）像个小炸弹，表示惊喜或感叹；
顿号（、）像粒黑芝麻，并列词语点中间；
分号（；）两点拖尾巴，并列分句中间点；
冒号（：）两个小圆点，要说的话写后边；

引号（“”）两对小蝌蚪，引文引语在中间；
引人的话用引号，话里套话分双单；
引号还可标书名，常用尖括（《》）来替换；
省略号（……）是六个点，表示意思还没完；
如果文意很重要，每字下面点黑点（．着重号）；
破折号（——），一条线，表示注释或突变；
标点又分两大类，标号点号要分辨；
标号作用在标明，点号作用在点断。

3. 文言文加标点歌诀

“曰”后往往加冒号，“矣”“耳”后面加圆圈（。）。
“耶”“乎”经常表疑问（？），“哉”字后面疑或叹（？、！）。
“也”“者”作用表停顿，或句（。）或逗（，）看文断。

4. 标点符号前置后置歌诀

句顿分冒问叹逗，通通不点在行头；
引号括号书名号，前半不标行尾后，
后半不标在行头；破折省略连接号，
不可割断分两头；间隔可标行尾后，
不宜标置在行头。

5. “说”字后面标点用法歌诀

“说”字后面加标点，三种符号记心间：
提示下文用冒号，话在两边加逗点；
要说的话全讲完，“说”字后面加圆圈。
例①刘胡兰斩钉截铁地说：“我死也不投降！”
例②“就是——”她走近两步，放低了声音，极秘密似的切

切地说，“一个人死了之后，究竟有没有灵魂的？”（鲁迅《祝福》）

例③“你放着罢，祥林嫂！”四婶慌忙大声说。（鲁迅《祝福》）

6. 中、外标点符号之异同

我国现今通用的标点符号与国外相比，并不是完全相同的。大致相仿的有：逗号、分号、冒号、问号、感叹号、破折号、引号等。不同的有：句号汉语用一个小圆圈“。”，英语却用一个小圆点“.”；省略号汉语用六个小点“……”，英语有时却只有三个点“...”；书名号汉语原先用“‖”，后来横排版也曾用过“﹏﹏”，如今借用俄语、法语中通用的书名号“《》”，英语却用斜体或引号；汉语有顿号，英语却没有顿号；英语有所有符号或字母省略号“’”，汉语却没有。

这“有”与“没有”，相仿与相异之间，生动地体现了我国对待外国进步文化的科学态度。（摘自《厦门日报》）

7. 语文教科书中不常用的标点

语文教科书中，有时会出现一些叫不出名的标号，怎么称呼？起何作用？这里简单地向大家介绍一二。

（1）删节号（…………）

删节号用于整句或整段的删节（用12个小黑点表示），或者用于目录中标题和页码之间（黑点数以对齐作者姓名为准，书写时占格不限）。如：

①……十日之游举国狂，岁岁欢虞朝复暮………………（冰心《樱花赞》）

②内蒙古访古…………………………………翦伯赞

花城…………………………………………秦　牧

（2）**星号（*）**

星号表示对某些词语有所说明（说明部分写在后面），可以放在词语的右上角，也可以放在左上角。如：

①歌声响彻月儿圆 *。

*新疆哈萨克族民间有《圆月》一歌云。（柳亚子《浣溪沙》）

②*海市……………………………………杨朔

注：篇目标有“*”的是阅读课文。

（3）**隐讳号（又叫讳缺号，×）**

隐讳号用于弄不清或不需说明或不便说明的姓名、地点、日期、数字等。如：

①我只知道不断地劳动下去，便可以赚到钱来维持生计，至于如何到资本家的账房去领金镑，如何可以到 ×× 党去领卢布，这一套本领，我可怎么能知道呢？…… （鲁迅《“丧家”的资本家的“乏”走狗》）

②信封格式

请带交

××× 同志

××× 托

（语文常识《书信》）

如遇此标号，在朗读时每个“×”读出一个“某”字音。如“×××”读作“某某某”。

（4）**曳引号（又叫象声号，～～）**

曳引号用于说话中语音摇曳或声音拖长的地方。书写时占两格。如：

①拍，吧～～！他忽而听得一种异样的声音，又不是爆竹。（鲁迅《阿 Q 正传》）

②何必推举呢？自然是主张发报的人罗～～。（鲁迅《范爱农》）

（5）**虚缺号（□）**

虚缺号用于原稿文字残缺、字迹不清的地方。“□”的个数应和所缺的字数相等。如：

①还发现了“单于天降”“四夷□服”等文字的瓦当残片。（翦伯赞《内蒙古访古》）

②古□亭口。（鲁迅《药》）

（6）**分行号（/）**

文中引用诗歌时，为节省篇幅而又不影响诗的韵味，就将诗句连写，但每行后面用上“/”。它表明原诗句是一行的，书写时占一格。

（7）**惊问号（？！）和重叹号（！！）**

人们在日常交往中，有些句子的内涵是非常丰富、复杂的，只用“？”或“！”不足以表达语气感情，于是出现了“？”和“！”合用的形式。

8. 连接号的用法

连接号有半字线“-”、一字线“—”、浪纹线“～”三种形式。主要用法：

①连接意思密切相关的词，构成复合结构，是一个意义单位。

例：历史—文化　中国—西方　吃—穿—住—用—行

②连接相关的时间、地点或数字，表示起止或幅度。

例：鲁迅（1881—1936）　上海—西安

a. 表示时间起止的，多用一字线。

b. 表示数值范围的，要用浪纹线。

例：10 公斤～15 公斤　25 元～30 元

用浪纹线的好处，避免与负号相混。

例：-20℃—-50℃　连接号与负号容易混淆，如写成

–20℃～ –50℃则不容易混淆。

③表示几个词语之间的递进关系。

例：古猿—猿人—古人—新人

④表示产品的型号。

例：CH–76　R98–6

9. 世界上最短的信

法国著名作家雨果将《悲惨世界》的手稿寄给出版社后，过了一段时间还不见此书出版，于是就给出版社去了一封信，内容只写了：“？——雨果。”很快，他便收到出版社的回信，内容也只有：“！——编辑室。”过了不久，轰动世界的《悲惨世界》便与读者见面了。这两封信被称为“世界上最短的信”。两个标点符号，把他们之间要表达的意思完全表达了出来，令人拍案叫绝。由此可见，标点符号非常重要，它不但有语法修辞功能，有时还能传递信息呢！

10. 路标中的“！”

一个青年跟老司机学驾驶汽车。突然，公路右侧有一个大圆盘，上面写个大大的“！”，用水泥制成，带一长柄，竖立在公路右侧。青年就问老司机：“这是什么符号？”老司机停下车，语重心长地说：“这是个惊叹号！它虽然只是一个标点，可是在我们司机眼里，它是一大篇内容复杂的文章。它的意思是：各位司机同志们，你们好！前面你们要通过的是交通要塞，往来车辆很多，路况非常复杂，请你们提高警惕，减速慢行，时速不得超过15公里，并时刻注意急刹车。如稍不注意，发生车祸，既耽误你的行程，又给人民的生命财产造成损害……中华人民共和国交通部敬告！”

青年恍然大悟：“噢！我记下了。这一个标点的作用真大呀！”

11. 退稿信

19 世纪德国著名作家台奥多尔·冯达诺在柏林当编辑时，有一个青年作家寄给他几首粗劣的诗，并在信中说：“我对标点向来是不在乎的，请你用时自己填上吧！”

冯达诺很快将诗稿退还给那位作家，并在退稿信中说：“我对诗向来是不在乎的，下次来稿，请只寄些标点符号来，诗由我自己来填好了。”

这封退稿信写得妙极了。

12. 赵树理的家信

据说，赵树理的儿子给赵树理寄去了一封信，内容是：“父：钱！儿。”一字一个标点。赵树理回信内容是：“儿：0！父。”

13. 伟大的句号

易卜生是挪威著名的剧作家，他的作品以反映包括失业、伦理、家庭、妇女等社会问题而著称。易卜生提出这些问题，是进步的一面，但作者未能为解决这些问题作出答案。如《玩偶之家》就提出一个妇女解放问题，但对娜拉出走以后往何处去未能解答。因此有人说：“易卜生是个天才的问号。”

萧伯纳是英国现实主义剧作家，他无情地揭露资本主义社会的罪恶。“把政治搬上舞台”是萧伯纳创作的特点。他运用幽默和讽刺手法来揭露社会罪恶，使平民看了为之感叹，统治者看了感到不安。因此有人说：“萧伯纳是一个伟大的惊叹号。”

我国著名作家唐弢分析了鲁迅的伟大生平后，认为鲁迅是从彻底的民族主义者到伟大的共产主义者，他的后期作品体现了最坚定的无产阶级立场。因此，唐弢将鲁迅先生比之为“伟大的句号”。

14. 某君爱用的标点

摆成绩用着重号（ . ）——强调强调再强调，生怕别人记不牢。

谈问题用省略号（……）——尽量少说或不说，报喜何必把忧报。

作报告，净引号（“”）——自己的话冒几句，通篇引用书和报。

干工作，凭冒号（：）——老是提示别人干，君子动口就行了。

选人才，多问号（？）——吹毛求疵疑鬼神，哀叹人才真难找。

15. 标点救命

慈禧太后奢侈豪华，一次过生日，文武百官都送了许多贵重的礼物。有人送给她一幅用王之涣的诗写成的条幅，由于疏忽，竟忘掉一个“间”字，太后大怒，认为欺她不知诗书，喝令斩首。那人急中生智，急忙解释：“老佛爷息怒，这是臣用王之涣的诗意填的词，待臣读与您听：黄河远上，白云一片，孤城万仞山，羌笛何须怨？杨柳春风，不度玉门关。”太后听后，无话可说，并赐银压惊。

16. 三个标点

美国著名心理学家巴尔肯博士见到一个青年写的《自传》只有三个标点符号：“——”“！”“。”，问其含义，青年答道：“一阵横冲直撞，落个伤心自叹，到头来只好完蛋。”巴尔肯听后，将它改为“、”“……”“？”三个标点符号，鼓励青年人说：“青年时期是人生的一个小站，道路漫漫，希望无边，君不见浪子回头金不换？”这个青年在巴尔肯的关怀下，终于发愤成为有所作为的人。

17. 毛泽东改标点

毛泽东的创作态度非常严肃。他不仅在立意、构思、布局、语言上反复推敲，甚至连一个标点也不放过。《菩萨蛮·黄鹤楼》1957 年 1 月在《诗刊》上发表时，下阕的标点是这样的：

黄鹤知何去，
剩有游人处。
把酒酹滔滔，
心潮逐浪高。

编入《毛主席诗词》时，全词一字未动，只改动了两个标点：

黄鹤知何去？
剩有游人处。
把酒酹滔滔，
心潮逐浪高！

为什么要改动呢？一个问号，耐人寻味，把读者引入诗的意境。一个叹号，点明了词的高潮，更强烈地表达了作者的感情。

18. 给对联加标点

山海关附近有座孟姜女庙，门前有副对联。

上联：海水朝朝朝朝朝朝朝落

下联：浮云长长长长长长长消

请你给它加上标点读读，并看看有几种标法。

答案：这副对联出自无名氏之手，它的意思是：海水早上来潮，天天早上来潮，早潮要落的；浮云向长处生长，不断地向长处生长，浮云要消失的。结构别致，寓意深刻。海水有潮有落，浮云有长有消，把生活哲理寓于自然现象之中。

加上标点，读法有四：

①海水朝潮，朝朝潮，朝朝落；

浮云长涨，长长涨，长长消。

②海水潮，朝朝潮，朝潮朝落；

浮云涨，长长涨，长涨长消。

③海水潮，潮！潮！潮！朝潮朝落；

浮云涨，涨！涨！涨！长涨长消。

④海水朝潮，朝潮，朝潮，朝落；

浮云长涨，长涨，长涨，长消。

19. 聪明的秀才

从前，有个非常吝啬的财主想为儿子聘请一位先生，却又舍不得花钱。一位秀才知道他为人刻薄，应聘时和他立了个字据：“无米面亦可无鸡鸭亦可无鱼肉亦可无银钱亦可青菜一盘足矣。”

财主满心欢喜，以为占了大便宜，于是就和秀才各自在字据上按了指印。

可是，第一天吃饭时就发生了争执，便带上字据到县衙评理。县官问明情由，让秀才把字据念一遍：“无米，面亦可；无鸡，鸭亦可；无鱼，肉亦可；无银，钱亦可。青菜一盘足矣。”县官验了两人指印，责令财主照约执行。

第二年，财主学聪明了，只付工钱不管饭。一天，秀才教完财主儿子的课程后，天下起了瓢泼大雨，恰巧又到吃午饭的时候，财主怕秀才在他家吃饭，于是写了个字条：下雨天留客，天留我不留。趁秀才不注意放在秀才的桌子上，然后躲在一旁观察。可是秀才稳如泰山，没有任何走的迹象。财主慌了，急忙上前一看，原来秀才在字条上加上了标点：下雨天，留客天，留我不？留！财主无奈，只得留秀才吃了午饭。

还是这位财主，在路边宅子旁建一厕所。他希望过往的行人把大便拉在这里作肥料，不想让人把小便洒在这里。于是在木板上写了一行字钉在厕所的墙上：行路人等不得在此小便。一天，财主和一位过路人吵了起来，他连忙请出正在给儿子讲课的秀才给评理，秀才念了木板上的字：“行路人，等不得，在此小便。人家路过此地，等不得了嘛。”财主哭笑不得，只得放过路人。

20. 巧改标点

在云南流传着一个红军巧改标点的小故事。

一次，国民党反动军队在堵截红军的途中，写了一条自我吹嘘的标语：“中央军，保国家，爱百姓，不拉夫，不扰民。”红军发现后仅改动了两三个标点，意思就完全相反了。

请你改一下好吗?

答案：中央军保国家爱百姓不？拉夫不？扰民！

21. 一个逗点

有一次，英国著名作家王尔德举行宴会，宾客们济济一堂，在客厅里等了很久，也不见主人到来，都很着急。后来，王尔德匆匆忙忙地赶来了，急忙向客人们施礼道歉。客人们问他干啥去了，他回答说：“在修改我的诗稿。”客人又问：“这么大半天，一定做了不少工作吧？”王尔德满意地笑着说：“我做了一件极其重大的工作，我删去了一个逗点，但后来经过反复思考，我又把它加上了。”

22. 标点大师

鲁迅不但文章写得好，而且在正确使用标点方面也堪称我们的楷模。翻开他的文章，随处可见用得恰到好处的标点符号。文章的题目一般是不用标点的，可是，鲁迅的文章题目就用了不少标点，达到了文字不易表达的特殊效果。

据说，鲁迅为了生计曾向一家小报投稿。一次，编辑部一位编辑人员为少付稿酬而无端挑剔，说鲁迅的文章标点太多了，因为一个标点与一个汉字一样计稿费。鲁迅一句话没说，把文章拿回去重抄一遍，一个标点也未用，送给那位编辑，编辑傻眼了。因为没有标点没法排版，只得又把鲁迅请到里间，赔礼道歉之后，请鲁迅把标点重新添上。

23. 一个“，”号

中国现代文学馆于 2000 年 5 月 23 日建成开馆，馆徽只用了一个“，”号。全国政协委员、全国文联委员、著名作家、现代文学馆馆长、老舍先生的唯一儿子舒乙解释说：我们的馆徽只用一个“，”号，看似简单，却有深远的含义。中国文学从大的方面看就是两部分，一部分是古代文学，一部分是现代文学。古代文学是文言文，是面向文人的，当时行文没有标点符号，而现代文学则是白话文，是面向人民大众的，并使用标点符号。馆徽上的这个“，”号，既是现代文学的象征，又寓意着它没有完，永远在发展。

24. 信封上的括号

不少人在写信封的时候老是爱用括号。

有的把收信人姓名后面的称呼括起来，如“×××（老师）收”“×××（同志）收”“×××（同学）收”。有的把“收”字括起来，如“×××同志（收）”“×××先生（收）”等。有的把寄信人地址后本人姓氏括起来，如“××县××村（王×缄）”等。

中华人民共和国国家标准《标点符号用法》规定：“行文中注释性的文字，用括号标明。”

因此，以上信封上出现的括号，都是多余的、不规范的。

25. 一道数学题

“三角几何共九角三角三角几何几何”

这道数学题初看确实费解，但如果加上标点符号，就迎刃而解了：“《三角》《几何》共九角，《三角》三角，《几何》几何？”

岂不化难为易了吗？ 9–3=6

可见，在数学课中，标点符号的作用也很大。

26. 时、分、秒之间的标点符号

1995 年颁布的国家标准《出版物上数字用法的规定》在谈到“时、分、秒”时，提供了三条示例（4 时、15 时 40 分即下午 3 点 40 分、14 时 12 分 36 秒），紧接着加了一条注：“必要时可按 GB/T7408–94 的 5.3.1.1 中的扩展格式。该格式采用每日 24 小时计时制，时、分、秒的分隔符为冒号‘：’。”

上文提到的“GB/T7408”即国家标准《数据元和交换格式信息交换日期和时间表示法》。该标准关于“分隔符的使用”一节，专门谈到了冒号“：”——用于分隔时间元素“时”和“分”，“分”和“秒”。

居中的两点，是数学中的比号，偏下的两点，是标点符号中的冒号。按照文件规定，用扩展格式表示时间，时、分、秒之间应该用冒号。如：4 时表示为：04：00；15 时 40 分表示为：15：40；14 时 12 分 36 秒表示为：14：12：36。

27. 神奇的逗号

解放战争期间，蒋管区刷出一条标语：“有粮不卖给八路军吃！”标语刷出后不久，中间被人点了一个大大的逗号，成了“有粮不卖，给八路军吃！”

一个逗号，把一句话的意思改变了。这逗号用得真神奇！

28. 标点重要

标点不是文字，但其重要性并不在文字之下。陈望道先生说过：“标点可以神文字之用。”老道的文字加上得体的标点，往往会使作品出彩。当年郭沫若曾有一个绝妙的比喻：标点犹如人脸上的眉目。一个作者把标点处理到位，就会给人留下眉清目秀的印象。胡适在《新青年》上举过一个例子，中国京剧中常有演员这样问道：“当真？”另一个演员回答：“当真。”这个演员又问：“果然？”另一个演员再答：“果然。”这四句台词记录下来，如果没有标点，谁能看得明白？

标点不容小觑，也和使用频率有关。在现代作品中，文字和标点的比例约为十比一，平均每十个字出现一个标点。古代作品用文言文写作，文字相对简略，两者比例更高，可以达到五比一，平均每五个字便出现一个标点。一个字或者一个词没有掌握，一般来说出错的概率是比较低的；但如果一个标点没有掌握，完全可能在使用中频频出错，其结果自然不是“眉清目秀”而是“鼻青脸肿”，狼狈不堪。

整理古籍有三大任务：标点、校勘、注释。标点是第一位的，从中可以看出一个人的阅读力、理解力和判断力。鲁迅曾经慨叹道：“标点古文真是一种试金石，只消几点几圈，就把其颜色显出来了。”几十年的寒窗苦读，也许会在一个标点上卡壳。

标点重要，万万不可忽视！

29．宝塔诗如何读？

开

山满

桃山杏

山好景山

来山客看山

里山僧山客山

山中山路转山崖

答案：山中山路转山崖，山客山僧山里来，山客看山山景好，山桃山杏满山开。

30．怪体诗如何读？

龙

虎虎

望

山山山

湖湖湖湖湖

海海海海

会

仙仙仙仙仙仙仙仙

万

国

州州州州州州州州州

掉

川川川川

答案：龙虎虎望山山山，湖湖湖湖湖海海海海会仙仙仙仙仙仙仙仙，万国州州州州州州州州州掉川川川川。（一龙二虎望三山，五湖四海会八仙，万国九州掉四川）

第三章 文字

1. 汉字歌

中国汉字四千年，多为人类做贡献。
相传仓颉作六书，十分之九形声占。
象形指事和会意，形声假借与转注。
甲骨金篆隶楷草，字随时代体态变。
独体合体形近字，音形意义须记全。
多音多义同反义，感情色彩褒中贬。
结构复杂类别多，左右上下半包全。
灿烂文化应继承，扬我国威文字端。

2. “六书”歌诀

六书最早见《周礼》，象形指事和会意；
形声转注与假借，“四体二用”须熟记。
描摹事物为象形，造字最早的方式；
辅助造字有指事，象形加符表新义；
会意可分同异体，以上三种纯表义。
半音半义形声字，汉字最多应熟悉；
基本类型有六种，分析结构抓本质。

3. 形声字歌诀

形声字好识记，音形义有联系，
取声旁读字音，看形旁辨字义。

上与下左和右，内跟外都熟悉。

析结构多比较，六类型勤练习。

4. 四角号码查字歌诀

横一垂二三点捺，叉四插五方框六，

七角八八九是小，点下有横变零头。

5.《康熙字典》检字歌诀

一二子中寻，三四问丑寅，

四归卯辰巳，五乃午中文，

六属未申部，七笔在酉门，

八九寻戌集，其余亥中存。

6. 音序检字歌诀

字母表，用处大，检字时，要用它。

先看声母找大写，再找音节查页码。

查到正文找例字，此字音义找到啦。

7. 部首检字歌诀

学查字典心舒畅，偏旁部首看端详。

没有部首看起笔①，形声字要查形旁②；

头底两层是部首，要让字头当偏旁③；

左右两边是部首，取左去右有保障④；

内心外壳是部首，舍去里边查外框⑤；

整个字儿是部首，此字本身是偏旁⑥；

一字头上生二“角”，取其下底记心上⑦；

下底如果不成部，左上角当此字旁⑧；

多查多想抓规律，相同部首不能忘⑨。

①起笔有“一、丨、丿、㇏、𠂊”五种，如：“乐、世、承”分别查“丿、一、𠂊”部。

②如：“竿、堡、躬、鸦、府”分别查“⺮、土、身、鸟、广”部。

③上下结构的字，如果上下两部分都是部首，则取上部分为部首，如：“类、志”查“米、士”部。

④左右结构的字，如果左右两部分都是部首，则取左边的偏旁为部首，如：“坎、炉”查“土、火”部。

⑤内外结构的字，如果内外两部分都是部首，则取外框为部首，如：“闭、团”查“门、口”部。

⑥如：“鬼、骨、马、鱼”等独体字，本身就是部首，就查本字。

⑦有些上下结构的字，如果字头由两部分组成，字底是部首时取底部，如：“堑、婆”查“土、女”部。

⑧如果底部没有部首，如“聚、鼓”等，则查左上角的“耳、士”部。

⑨对一些相同的部首，必须记住。如：卩＝㔾，“卷”字查“卩”部。刀＝𠂊，“危、负、急”等查“刀”部。忄＝⺗，“恭”字查“⺗”部。爪＝爫，“爱、受”查“爪”部。

8. 字谜

①朱毛二人去北京，十万精兵在胸中。

四化蓝图已描绘，一心为国为民众。（德）

②王大娘，白腚帮，一腚坐在石头上。（碧）

③三面木墙一面空，可爱小儿坐当中。（匹）

④两人手拉手，钢丝线上走。（丛）

⑤有水能养鱼虾，有土能种庄稼。（也）

⑥小小公园四方方，一棵小树在中央。（困）

⑦小小山上落大鸟，谁把鸟脚打掉了。（岛）

⑧将相和。（斌）

⑨某君教子方：拳头加棍棒，
儿子张口哭，耳朵被拉长。（郭）

⑩左边一个人，站着读古文。（做）

⑪河边有个小工厂，搭在两座土坡上。（涯）

⑫二小二小，头上长草。（蒜）

⑬左看是弯弯土地，右看是层层梯田。（疆）

⑭上面草字头，中间是个口，北字分两边，下面马蹄走。（燕）

⑮十个兄弟力量大，什么困难都不怕。（克）

⑯值钱不值钱，全靠这两点。（金）

⑰左看有匹马，右看就是它；左右一起来，脚踩万里沙。（驼）

⑱门外流水哗哗响，门内升起红太阳。（涧）

⑲只因自大一点，弄得人人讨厌。（臭）

⑳立在二日旁，反而没有光。（暗）

㉑金斤欠，并排站，挖土铲泥用它干。（锨）

㉒亡口月贝凡，见它人喜欢。（赢）

㉓两个动物并排跑，一只大来一只小，一个会跳，一个会跑，一个吃人，一个吃草。（骚）

㉔上有二十一万兵，下有四方一座城，
城里兵马有十万，城下还有八万兵。（黄）

㉕一看多一半，再看一半多，仔细看一看，还是一半多。（夕）

㉖一边绿，一边红，一边怕水，一边怕虫。（秋）

㉗两个动物并排站，一个会游泳，一个好爬山。（鲜）

㉘四个王字转又转，四个日字肩并肩，
四个口字膀靠膀，四个山字尖对尖。（田）

㉙一只狗，真少有，头尾都有两个口。（器）

㉚一字四十八个头，当中有水不外流。（井）

㉛头戴两朵花，夫人走娘家，过了一月整，骑马转回家。（腾）

㉜山上又加山，闯王把马牵，砚台掉块石，嘉庆力不全。（出门见喜）

㉝穴堂出力把土挖，全去老王不在家，汉淮两河双缺水，进去枯井讨无话。（穷人难过）

㉞下头去上头，上头去下头，两头去中间，中间去两头。（至）

㉟一字九横六直，孔子猜了三日。（晶）

9. 难度很大的字谜

最近，在 CCTV4 视频中，萌宝唱的儿歌非常优美动听。“月亮圆圆天上摆，巷里花灯游人猜。曲径虫鸣牡丹开，岷山远游住人外。一义贯成并日月，百姓饭足言皆彩。眉下心头田出垄，天上斗转且以待。山聚眉峰思无邪，大江东去润高台。独受易友玉关情，令公为尊畅饮怀。城西欲语淮阴侯，喜上羊羊取发钗。家家户户团圆歌，年年岁岁幸福来！”

实际上，萌宝唱的儿歌是谜面，灯笼上的字是谜底。具体解释如下：

曲径虫鸣牡丹开

曲径形似“弓”字，虫鸣就是“虫”和“口”，曲径虫鸣指的就是“强”；牡丹是国花，常有花开富贵一说。谜底就是“富强”。

岷山远游住人外

岷山远游是“岷”字的山字旁跑掉了，只剩下“民”；同样的，“住”字的人旁也外出了，就剩下“主”。谜底就是“民主”。

一义贯成并日月

一义贯成即把“一”和“义”合起来，就是“文”；同理，把“日”

和“月”合并起来就是“明”。谜底就是“文明”。

百姓饭足言皆彩

百姓饭足，即“口”里都有“禾”；“言”和“皆”合起来是“谐”字。谜底就是“和谐”。

眉下心头田出垄

眉下是目，心头是一点，所以是“自”；“田”中间的一竖要出头，就是“由”。谜底就是“自由”。

天上斗转且以待

天上斗转就是“天”的上面部分和“斗”字转起来的形态合起来，即“平”字；且以待是“等”的意思。谜底就是“平等”。

山聚眉峰思无邪

“山”聚，是“公”的下半截，眉峰是“公”的上半截；思无邪是“正”。谜底就是“公正”。

大江东去润高台

大江东去，“去”的旁边有水，是“法”；同理，“台”的旁边也有水，是治。谜底就是“法治”。

独受易友玉关情

独受易友，就是取“受”字头，并把下方换成“友”，就是“爱”字；把“玉”关起来，周围砌墙，就是“国”。谜底就是“爱国”。

令公为尊畅饮怀

令公是指北宋名将杨业杨令公，要尊敬地给杨业敬酒。谜底就是“敬业”。

城西欲语淮阴侯

“城”字的西（左）边用“言”旁替代就是“诚”字；淮阴侯是西汉杰出的军事家韩信，取其“信”字。谜底就是“诚信”。

喜上羊羊取发钗

喜上羊羊，“喜”字的上面用“羊”替代，就是“善”，把“发”

字头上的两股钗去掉，就是“友”。谜底就是“友善”。

10. 结构别致的汉字

①鑫：三金为鑫（xīn），财富充盈。

②森：三木为森（sēn），繁密茂盛。

③淼：三水为淼（miǎo），浩渺辽远。

④垚：三土为垚（yáo），古与“尧”同。

⑤焱：三火为焱（yàn），焰花灿灿。

⑥晶：三日为晶（jīng），光亮莹莹。

⑦磊：三石为磊（lěi），正大光明。

⑧犇：三牛为犇（bén），行走迅速。

⑨掱：三手为掱（pá），扒手自省。

11. 形近字辨析歌诀

①竹子好把竹篮编（篮），蓝草能把东西染（蓝）。

②火烧艾叶做针灸（灸），火上烤肉很可口（炙）。

③口渴要喝水（渴），喝水要用嘴（喝）。

④未末真相像，区别在横上，未字上横短，末字上横长。

⑤锻造用金锤（锻），有土平坦地（塅），煅烧不离火（煅），绸缎要用丝（缎），有木是种树（椴），有石磨刀石（碫）。

⑥有手好拾取（掇），有线能缝衣（缀），有心要忧愁（惙），有车要停止（辍），有口在哭泣（啜），还可作姓氏。

⑦有手勿折花（折），用针拆开它（拆），斧劈木为析（斫），打更常用柝（柝）。

⑧日出斜射出朝霞（霞），美玉斑点是微瑕（瑕），悠远长久为遐迩（遐），空闲无事是闲暇（暇）。

⑨用瓢把水舀（舀），从禾便是稻（稻），江水滔滔流（滔），

脚能把舞跳（蹈）。

⑩横戌（xū）点戍（shù）戊（wù）中空，十字模样便是戎（rǒng）。

⑪巳（sì）全封，己不封，半封不封是已经。

12. 汉字笔顺歌诀

先横后竖十字架，先撇后捺人不怕。

从上到下看清楚，从左到右没乱抓。

由外到内同携手，由内到外建国家。

先里头来后封口，先中后边水平佳。

13. 汉字产生时代歌诀

殷商甲骨西周金，大篆春秋小篆秦。

汉隶晋草魏晋楷，汉末行书用到今。

14. 包拯智斩鲁斋郎

鲁斋郎是元代伟大剧作家关汉卿的著名杂剧《鲁斋郎》中的人物。他“嫌官小不为，嫌马瘦不骑，动不动就挑人眼，剔人骨，剥人皮”。他不仅公然抢夺银匠李四的妻子，而且胁迫郑州六案都孔目张珪把妻子按时送去供他蹂躏。他是朝廷的特权人物，皇帝的亲信。他倚仗权势，无恶不作。开封府尹包拯查明之后，决意要为民除害。要杀掉鲁斋郎却不是一件容易的事。包拯于是来了一个“智斩”。他先给皇帝上了个奏疏，说有个叫“鱼齐即”（繁体字写作“魚齊即”）的，苦害良民，逼死良家妇女，犯法百端，该如何处置。皇帝看后批了个“斩”字。包拯回府升堂，立即将鲁斋郎斩首。第二天，皇上宣召鲁斋郎，包拯启奏：“此犯乃御笔亲判，昨天斩了。”皇帝大惊，忙说：“将批文取来与朕观看。”岂知“鱼齐即”早被包拯添了笔画，变成了“鲁斋郎”（繁体字写作“鲁齋郎”）。事已至此，鲁斋郎的罪证又是确凿的，皇帝只好言不由衷地说：“苦害良民应该斩首。”

包拯智斩鲁斋郎是利用了汉字的特征。

15.“甩斧”无罪

从前，有个农民被财主欺负得忍无可忍，便拿起斧头把财主砍伤了，财主写了一张状词告这个农民“用斧杀人，罪大恶极”。知县是一个公正严明的官，深知是财主欺人过甚，农民才用暴力反抗。他同情农民，又怕上司责怪，便反复研究状词，终于找到了窍门……

过了很久，财主还不见处断，便来追问县官。知县说：“你告他‘甩斧杀人’，甩斧无意，何罪之有？况且你又没死，还说他罪大恶极，分明是夸大其词，恃势压人！”财主迷惑不解，取回状纸一看，才知“用”字被人改成“甩”字，但不敢作声，只好悻悻离去。

16. 假婿乘龙

电影《假婿乘龙》中，秀才张生说自己是王丞相的女婿，被县官捉住，禀告京师，王丞相复信让人送去：“张生不是我婿，速斩首送京。”途中被人改为：“张生本是我婿，速新贵送京。”县官吹吹打打，大张旗鼓，送到京城，沿途官府，大送贺礼。王丞相无奈，只得让“假婿”“乘了龙”。

这个故事，也是有人利用了汉字的特点而弄假成真的。

17. 字音相同登金榜

《明清故事选》中记述：西安地方有个书生，文章做得差极，但会考时却中了第一名，原因全在于他的名字叫“夏器通”。原来主持这次考试的学政，在奉命赴任之前曾与他的座师尚书告别。尚书是西安人，学政认为他此番一定有所嘱托，故竭力向他请教。这时，尚书忽然觉得要放屁，就略微欠了一下身子，学政以为他有要事吩咐，就连忙前驱叩问。尚书随口而说：“没什么，不过是下气通罢了。”这“下气通”三个字的读音于是被学政牢牢记住，以为必是尚书要提携的人物。后来学政在西安监考阅卷时，果然发现有个叫“夏器通”的考生，尽管文章做得乱七八糟，但因学政受了尚书的“嘱托”，点评考卷时，仍使他名列前茅。

可见，同音异字应好好区别。

18. 兵败中原怨一撇

1930 年 4 月，阎锡山、冯玉祥结成反蒋联盟，发动讨蒋的中原大战。阎锡山、冯玉祥两部预定在豫、晋交界的沁阳会师，以求一举歼灭驻河南的蒋军。谁料想，冯玉祥的参谋在拟制命令时，误将“沁阳”写成“泌阳”，多了一撇，正巧河南南部有泌阳一地，与沁阳相隔数百里。结果，冯部误入泌阳，贻误了聚歼蒋军的有利战机，使阎冯联军处处陷于被动，导致联合作战失败。后人戏称这场中原混战，是败在一撇上的战争。若不是多这一撇，或许中国历史就要改写。

19. 一点值万金

一字千金的故事众所周知。1987 年 5 月 6 日《人民日报》载：乌鲁木齐市粮食挂面厂，1980 年从日本一家厂商引进一套挂面生产线，随后又花 18 万元从日本购进 1000 卷重 10 吨的塑料包装袋。挂面厂请人设计面袋图案，样品制出后，经挂面厂和新疆维吾尔自治区经贸厅机械进出口公司审查，交付日方印刷。1986 年 3 月，当这批塑料袋漂洋过海被运到乌鲁木齐时，细心的人们发现“乌”

字上多了一点，“乌鲁木齐”变成“鸟鲁木齐”了。于是，这一点之差，使18万元的塑料袋变成了一堆废品。真是“一点”值万金！

俗话说“字不差点”，如果写字疏忽大意，一点之差便铸成大错。所以，我们在书写汉字时要仔细认真，把汉字写正确、写规范。

20. 左右未辨，双腿致残

1989年8月15日《报刊文摘》载，浙江省浦江县农村6岁幼童胡康康，因右胫骨患病，于1989年6月30日由其父母陪同来省中医院求医。7月1日，经骨科门诊拍片，诊断为右胫骨上段骨髓炎，建议手术治疗，旋即收治入院。入院当天进修医生填写病历和次日住院医师填写入院录时，将“右小腿”误写为“左小腿”。结果，胡康康左腿健康的骨头被当作死骨凿掉，剔除，而右腿病骨仍在。最后不得不重新手术，致使病童双腿致残。医院也为此赔偿损失上万元，责任医生受到严厉处分和社会舆论的强烈谴责。

21. “文朝丈庙”

古时候，有两位秀才进京赶考，途中遇雨，便到一座庙门下避雨。其中一个看见庙门上写着“文朝”二字，便信口念道：“文朝”。另一个听后，端详了一会儿说：“这哪里是‘文朝’，明明写的是‘丈庙’（廟）嘛。”两人争论不休。恰逢有个和尚由此路过，两人拉住不让走，让和尚论断谁是谁非，和尚不识字，分不清是非，于是三人又闹到县衙，请县官评判，县官说了四句话，算了了此争端：

文朝丈庙两相异，和尚东村去化齐（斋），
你们不是孔天（夫）子，老爷不如苏东皮（坡）。

22. 造字的县官

从前有个人不学无术，胸无点墨，靠金钱和裙带关系当了县官。他自以为是，目空一切，县衙大堂挂着他亲手书写的匾额：明睛高縣（明镜高悬）。还把李白《静夜思》中的诗句“举头望明月，低头思故乡”写成“举杯边明月，低头恩故乡”。别人说，写错了，是“邀明月”“思故乡”，他十分恼怒地说：“混账！就是‘边明月’‘恩故乡’！想指教我吗？我出个题考考你们：‘门’字里面一个‘人’，念什么？”大伙说：“是个‘闪’字。”“那‘门’字里面两个‘人’呢？”大伙说不出，他得意地说：“不会了吧！告诉你们，是个‘躲’字。你想，一扇小门，两人一同过，不‘躲’能过去吗？”他又说：“‘门’字里面三个‘人’呢？”大伙也说不出。他高傲地说：“告诉你们，是个‘挤’字。一扇小门三人同过，能不‘挤’吗？那么‘门’字里面四个‘人’，你们就更不认识了。”他忘乎所以，得意地说：“这就是学问，知道吗？今儿个老爷高兴，逗你们玩玩儿。再给你们说个简单的：‘广’字头下一个‘木’字，念啥？”大伙说：“床。”“两个木呢？”大伙又说不出。“双人床！”他抢先答道。大伙一阵哄笑，他却得意扬扬。

一次审问瑞止未，他读成“端上来”，审问杭下丢，他大叫“抗下去”，弄得衙役们不知所措。又一次审问于斧，他大叫“干爹”，衙役们慌忙跪在犯人于斧面前，因为他是县官的“干爹”嘛。

23. 白字县官

从前，一位县官击鼓升堂要审冉佳俊。县官看到冉佳俊来到大堂，便一摔惊堂木大喊：“再往后，给我如实招来！”冉佳俊一听叫他往后站，就后退了两步。县官又喊道：“再往后！”冉佳俊一听又叫他往后站，就又后退了两步。县官心里感到好笑，一喊他的名字就往后退，怪好玩的，便又一摔惊堂木大喊：“再往后！”这时冉佳俊退到墙根了，才不得不说：“县官老爷，再往后就是墙了。”县官说：“什么墙不墙的，我叫你名字呢！”冉佳俊这才明白，原来县官念错了字。他对县官说：“大老爷，我不叫再往后，我叫冉佳俊。”县官脸一红，还狡辩说：“俊什么，一点儿也不俊，看你还长了一脸麻子。”

这位县官并没有吸取教训，此后仍不认真读书，所以还时常闹些笑话。一天，他又审问一个叫钖荼壸的犯人。把犯人带到大堂后，他又凭想当然，高声呼唤“锡茶壶”，立即引起哄堂大笑。县官把惊堂木一拍，大怒道：“笑什么！”那位被审问的犯人躬身上前，解释说：“县太爷，他们笑你念错了我的名字，我叫钖（yáng）荼（tú）壸（kǔn）。”县官听后，满脸通红，非常尴尬。

24.“我不敢娶”

相传李鸿章有个远房亲戚，不学无术，大比之年，去参加乡试。试卷到手，一个字也答不出，急中生“智”，忙在试卷末尾写上自己是李鸿章的亲戚。无奈“戚”字不会写，写成了“我是中堂大人的亲妻”。主考大人阅卷后，提笔在旁批道：“所以我不敢取（娶）！”

25. 买猪千口

从前有个县官，写字非常潦草。一天他要请客，便写了一张字条叫差役买猪舌，差役误认为叫他买猪千口。（过去写字都竖着写，“舌”字距离拉长一点，便会误为“千口”）

这下可忙坏了差役，急忙走乡串户，好不容易才买到500头猪，他一想还有一半没完成呢，便向县官求情，希望就买500头猪算了。县官大发雷霆：“我叫你买猪舌，你怎么给我买500头猪呢？”

差役忙把字条拿给县官，县官瞠目结舌，让差役把猪退掉。差役不高兴地说：“500头猪可以退掉，以后要是买肉，千万把肉字写短点，要是写成‘买内人’，可就没法退掉了。”

26. 草字秀才

从前，有个秀才是个出名的“草字先生”，字写得非常潦草。一天，秀才诗兴大发，挥笔疾书律诗一首。书罢，命他的侄儿誊写清楚。过了好长时间，他的侄儿垂头丧气地拿着诗稿又回来了，问秀才道：“叔叔，这上面的字我一个也认不出，请你指教。”秀才接过诗稿横看竖看，忽然骂起来：“混账！你为什么不早些来问我？现在我也认不出来了。”

27. “一字千金”的由来

据《史记》记载，《吕氏春秋》编成以后，吕不韦把它公布在秦朝京城咸阳城门上，张榜说明：不论何人如在该书上面增删一字能使文章增色的，就给千金赏赐。这便是“一字千金”的由来。

28. 爱抽烟者

从前，有一人烟瘾特别大，恰巧他对门的朋友是卖烟的，他经常去那里吸烟不给钱。一天，他又犯了烟瘾，便疾步走到朋友家里，朋友见他匆匆而来，便问何事，他不回答，提笔在纸上写了四句诗，让朋友猜：“大寺门前拴只牛，二人抬着一木头，西山脚下有一女，大火烧了因家楼。”朋友看后也写了四句诗：“东西南北路迢迢，八仙下凡带把刀，一子一女并肩坐，两棵青竹顶天高。”那人看了以后，很不好意思。

聪明的读者，你知道什么原因吗？

答案：要烟的人写的诗是字谜，即“特来（繁体为“來”）要烟”

四个字，朋友写的诗也是字谜，即“十分好笑”四个字，也就是不想给烟，因而要烟的人觉得很不好意思。

29. 排座次

古时候，一财主有三个女儿。大女儿嫁给了一个小官，二女儿嫁给了一个商人，三女儿嫁给了一个农民，农闲时搞点屠宰生意。

一次，财主过生日，三个女婿都来祝寿。宴席摆好之后，财主突然有了一个主意，说：“你们三个用汉字的特征各作诗一首，谁作得最好，就坐上席，和我坐在一起。”大女婿很高兴，随口而出：“仨宝盖官宦家，仨绞丝绫罗纱。富贵官宦家，穿着绫罗纱。”二女婿接着说：“三出头大丈夫，三点水江海湖，堂堂大丈夫，走遍江海湖。”三女婿识字不多，想了半天，突然说道：“仨月旁肝肠肺，仨尸头屎尿屁，挖出肝肠肺，挤出屎尿屁。”大女婿、二女婿一听，吓坏了，甘拜下风，赶紧把上座让给了三女婿。

30. “只有一点像”

传说，晋代书法家王献之小时候，向他父亲王羲之学写字，学了好些年了，自以为学得差不多，便写了一个“大”字，高高兴兴地拿给父亲看。他父亲二话没说，拿笔加了一点，变成了一个“太”字。王献之又拿给母亲看，母亲指着“太”字说：“我看只有这一点像你父亲写的。”王献之听了十分惭愧，便老老实实地像父亲一样，临池学书，池水为墨，勤学苦练，陶铸百家，后来也成为有名的书法家。

31. 柿叶练字

郑虔是唐代大诗人杜甫的好朋友，能文擅画，写了一手好字。他曾经把自己画的画，亲笔题诗，献给唐玄宗。唐玄宗看后，拍案叫绝，写了“郑虔三绝”几个字。郑虔的一手好字是刻苦练习练出来的。他每天练字，没有那么多的纸，他听说长安慈恩寺里贮存了几屋子柿树叶，便搬到那里去住。每天用柿树叶练字，写完正面写反面，经年累月竟把几屋子柿树叶都写完了。功夫不负有心人，他终于成为一名有影响的书法家。

32. 乾隆过生日

据说，一次乾隆过生日，文武百官都送了贵重的贺礼。宰相刘墉为官清正，家境清贫，便买了几斤生姜放在桶里送给乾隆，百官嘲笑，乾隆不悦。刘墉郑重其事地说：“我送给皇上的贺礼，是用自己的薪俸所买。皇上请看，它像什么？”乾隆看不出来。刘墉上前说道：“皇上请看这多像连绵的群山呀！皇上是想要一统（桶）江（姜）山呢，还是要那些乱七八糟的东西？”乾隆大悦，收下“重礼”，赏赐刘墉。

宴会间，乾隆突然说出一联：“冰凉酒，一点水两点水三点水。”让刘墉对出下联，刘墉一听是一副字谜对联，随口对出：“丁香花，百字头千字头万（萬）字头。”乾隆又说一联：“天上月圆，人间月半，月月月圆逢月半。”刘墉又随口对出：“今朝年尾，明朝年头，年年年尾接年头。”

乾隆很高兴随口又说：“刘墉多才多艺。”刘墉对：“皇上盖世无双。”

33. 智力小游戏

①汉字中，右边是“口”字的字有哪几个？请写出来。

答案：五个。加、如、和、扣、知。

②给“日”增加一笔画，能组成几个不同的汉字？

答案：旦、申、甲、由、电、白、田、目。

34. 周总理的“一”字评

1960 年，在北京新街口总政排演场，周总理审查出国演出节目时，对《霸王别姬》一剧和项羽其人有过精辟的评语。全剧开始是刘邦发兵攻打项羽，接下来是项羽金殿议事，群臣根据不利形势纷纷谏阻出兵。项羽不听劝阻，决意出战，宣布退班！戏演到这里，总理讲：“一言堂。”项羽回到后宫，虞姬继续规劝，千万不可发兵，以防误中刘邦奸计。项羽不容分说：“孤意已决，明日发兵！”总理讲：“一家之长。”当演到项羽孤军深入刘邦设好的埋伏圈时，总理讲：“一意孤行。”项羽兵困垓下时，总理讲：“一筹莫展。”当虞姬备酒安慰项羽时，项羽心情沮丧，摔杯愤起吟唱“力拔山兮”，总理讲：“一曲挽歌。”四面楚歌，汉兵将至，虞姬拔剑自刎，全剧终，总理讲：“一败涂地。”长达两个多小时的戏，周总理只用了 23 个字就把项羽失败的全过程高度概括了。

35. “十字令”欣赏

“十字令”共 10 句，每句均用数字开头，从一到十 10 个数字开头的十句话，依次排列，结构严谨，内容和谐，通俗易懂。或塑造一个完整的形象，或表达人物特定的神情，或反映某种社会现象。其内容严肃，形式工整，俚语俗词，寓庄于谐，且含有讽刺意味。

①谜语（泥菩萨）：一声不响，二目无光，三餐不食，四肢无力，五官不正，六亲不认，七窍不通，八面威风，久（九）生不动，十分无用。

②中华人民共和国成立前教师生活：一身平价布，两袖粉笔灰，三餐吃不饱，四季常皱眉，五更就起床，六堂要你吹，七天一星期，八方逛几回？九天不发饷，十家皆断炊。

③劝戒烟：一嘴黄牙烟臭浓，两眼发燥心朦胧，三口落肚吊精神，四时衣衫尽烟洞，五官受害不必说，六腑烟熏更严重，七月秋凉咳嗽起，八成病源肺气肿，究（九）其原因是烟害，十万钱财付东风。

④反腐倡廉——清官像：一尘不染，两袖清风，三思而行，四方赞誉，五湖四海，六神镇定，七情安然，八路作风，九泉无愧，十分可贵。

⑤反腐倡廉——贪官像：一身二用，两面三刀，三头六臂，四面楚歌，五斗折腰，六亲惟认，欺（七）上压下，八面玲珑，九霄难逃，十恶不赦。

⑥抗战时期——汉奸像：一副奴才相，两手往下垂，三角眼闪亮，四楞脸堆媚，五官不周正，六神透阴气，七寸长脖子，八两小脑袋，九根黄胡子，十分不像人。

⑦赌徒形象：一心赢钱，两眼熬红，三餐无味，四肢乏力，五业荒废，六亲难认，七窍生烟，八方借债，久（九）陷泥潭，十成灾难。

⑧人民教师：一身儒气，两袖清风，三尺讲台，四季站稳，五更起床，六堂到位，七日一周，八方不去，九月一节，十年树木。

⑨山村图：一去二三里，烟村四五家，亭台六七座，八九十枝花。

⑩破汽车：一去二三里，抛锚四五回，修理六七次，八九十人推。

36．秀才的姓氏

从前，有三位秀才赴京赶考，同来到一家客店里住宿。夜阑风凛，不能入睡，三人点灯，坐卧床上。一个秀才叹了口气说：“这次赴京如再落第，一定要将我的姓颠倒着写。”第二个秀才听罢说：“此番进京，再次名落孙山，誓把我的姓横卧着写。”第三个秀才微笑着道：“这次上京，如果金榜无名，我和你俩一样，把我的姓氏调过头来写。”三人言毕，互通姓氏。第一个说：“我的姓是‘土上倒土’。”第二个说：“我的家比你家，左右多了两堵墙。”第三个说：“我的家在你家上面长苗，下面生根呢！”请猜三位秀才各姓什么。

答案：第一个秀才姓王。第二个秀才姓田。第三个秀才姓申。

37. 神奇的汉字

汉字文化历史悠久，内涵丰富，艺术价值高，其表意特性能充分调动人脑的学习能力，很多汉字不仅能传达人们的意思，而且从它的结构方面还能看出古人的生活习俗甚至风土人情等，具有极其深远的历史意义和研究价值。

38. 奇特的汉字

《康熙字典》中有这个字。关中民谣：“一点撩上天，黄河两道湾，八字大张口，言字往里走，你一扭，我一扭，你一长，我一长，当中夹个马大王，心字底月字旁，留个钩钩挂麻糖，推个车车逛咸阳。”就是写这个字的顺口溜。

注解：此字为陕西名吃 biang biang 面的专用字！古称渭水 biang biang。是古时人用渭河之水和面，做成宽如裤带的面条，也是陕西八大怪之一，尤以咸阳的最为正宗。

39．别读错了

北京的便宜坊烤鸭店闻名于世。问题来了：“便宜坊”怎么读呢？从便宜坊这个店名的结构来看，是“便宜”加上“坊”。之所以不好读，是因为“便宜”和“坊”都有多音字情况。先说说“便宜”怎么读。

“便”字有两个读音 biàn 和 pián，两个读音都可组“便宜”一词。“便”字读作 biàn 时，“便宜”（biànyí）的解释是：形容方便合适；便利；如“院子前后都有门，出入很便宜”。“便”字读作 pián 时，“便宜”（piányi）的意思是：①形容价钱低。②不应得的利益；如“占便宜”。③使得到便宜；如“便宜了你”。我们应当注意两个读音不同的“便宜”在意义和用法上的不同，区别它们的读音。

在便宜坊烤鸭店的店名中，“便宜”应当读作 biànyí。这和店名的来历有关。据说明代嘉靖年间，兵部员外郎杨继盛吃了这里的烤鸭等酒菜，认为此店“方便宜人，物超所值”，于是给这家字号题匾时，书写了“便宜坊”三个字，意思是方便、随意、合适。由此看来，“便宜坊”中的“便宜”应当读作 biànyí。

40．风月无边话虫二

前不久博文《汉字残缺字》中所谈的残缺字，是有它的特定含义的，是书写人按自己的意志，有意令其残缺一笔的字。

读古本书籍或临摹字帖时，常常遇到缺笔的字，如柳公权玄秘塔碑字帖的玄字，写成“𤣥”缺了一笔；在古籍和碑刻中随处可见，如将“世”写成“丗”，将“民”写成“巳”，将“胤”写成“肻”，孔丘的“丘”写成“𠀉”……这些字之所以缺笔，是由于古代要避帝王君名之讳和圣名之讳。如不小心犯了讳，不仅要究责问罪，还会引来杀身之祸，甚至株连九族。这种缺笔字是外界强加予的，不得已而为之。

泰山刻石“虫二”二字，隐喻“风月无边”，是繁体字“風月”去掉外边的框子而造成的寓意字，有人把它作为字谜，“虫二”成了谜面，谜底是“风月无边”。

也有人把它当作别体的一副对联，把“虫二”为上联，“年华”二字框起来作为下联，成为：

上联：　风月无边

下联：　年华有限

有人认为“虫二”还应该是神智体诗的一种，因字数少不能算诗，不妨称为“神智字”，一家之言，不过要取得大众的认同。例如，有一首神智体诗：

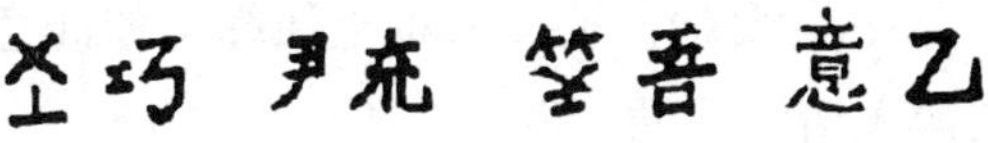

读成：颠倒成文工小巧，伊人不见水空流。

仰天大笑无言语，细意虚心一笔勾。

其中“伊”“流”“语”三字，缺少“亻”“氵”和“言”，与“虫二”有些类同。

由于“虫二”蕴意奇特，耐人寻味，令人一笑三叹！正是这个原因，有人将此引入书名，也有商家以此作为招牌，招揽顾客。

泰山“虫二” 的石刻（如下图），引起许多游客在此驻步，观赏猜度字谜奥妙。传说当年乾隆下江南时，夜游杭州湖心亭，被美景吸引，也题写过“虫二”二字。至于“虫”字上面的一撇“丿”，没必要追究了。

更有甚者，有人还把它编了个故事，说在此刻字附近的斗母宫，曾有一个美丽的尼姑，俗名叫“月”，偶遇一个叫“风”的年轻和尚，两人一见钟情，出于戒律，只有恪守清规，独伴青灯。后有一才子闻知，便写下“虫二”二字，示意“风月无边”，何必囿于清规戒律呢！

“风月无边”源于何时？何人所作？据说可源溯至明代，江南才子唐寅，曾为一名叫湘英的妓女题写过一个门匾：“风月无边。”旁人纷纷称赞，祝枝山却说，这是嘲笑你们是“虫二”。湘英问他怎样解释，祝枝山说，“風月”二字没有边不是“虫二”吗？但湘英始终以唐伯虎题写此匾为荣，不加更改。

近年报刊上也曾提到鲁迅在 1933 年借“虫二”这两个字，来讽刺林语堂编的《论语》杂志里只有谈风月的无聊小品文。

“虫二”二字本无意，被文人雅士演绎得如此意蕴丰厚，华夏文字文化之博大精深可见一斑。

41. 北京八大处关帝庙的怪联

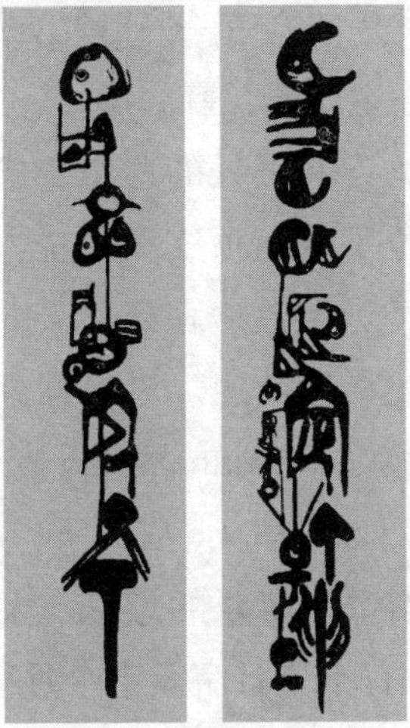

译成简体汉字：

日昍晶𣊫安天下

月朋𣎴朤定乾坤

关于这副八大处关帝庙对联的读音，主要有以下几种说法。

①读者石旭浩告诉记者，他中学时的恩师王洪范老先生曾经教过他们叠字谱，在日、月逐叠列增时，读音有变化，一日读“旦”，意为白天短暂；二日读“昌”，意为盛明；三日为“炎”，意为热；四日读“皓”（或“照”），意为天下光明；九日为“旭”，意为一个新的开始。一月为“且”，长久之意；二月为“朋”，意为多；三月为“全”（音为“窜”），意为圆满一周期；四月为“亮”，是黑暗和光明的统称；十月为“岁”，意为很多年、长久。这种连续叠用，不能读字音，要按照单个字的字数与字同读，所以对联的实际意思是：九日安天下，十月定乾坤。

②据一些老人讲，本联念作：日影晶华安天下，月朋枊椤定乾坤。这副对联气势恢宏，在老百姓中颇有谈资。关于这副对联，老人们普遍反映，在北京就没见过第二处。

③据传说，怪联中的上联读“日暖晶华安天下”，下联读“月朋娑罗定乾坤”，横批是“亘古一人”。

④据八大处旅游办主任于长霖介绍，“老爷庙”也叫“关帝庙”，是为纪念关羽而修建的，八大处的这所“老爷庙”始建于清末，坐落于八大处公园七处平坡山顶宝珠洞左边，其最负盛名的是庙前抱厦明柱上那副曾经让无数达官显贵、墨客骚人瞠目结舌的怪联。很多游人曾经对此冥思苦想。对多方意见综合后，有两种念法较有可能，一种是读“日 nuan 晶 hua 安天下，月朋 suoluo 定乾坤”，另一种读作“日 ze 晶 long 安天下，月朋 beidao 定乾坤”。

有人理解为：这副奇怪对联的意思，大概是颂扬关羽的劳苦功高。上、下联分别含有十个日字及十个月字，即“十日安天下，十月定乾坤”。当然“十”只是泛指，形容许多个日日夜夜、年年月月。关羽随刘备出征打仗，历经无数征战，终使蜀国在乱世中立足，与吴、魏三分天下，其间关羽立下了汗马功劳。因此后人撰写这副对联，以示对先人的向往、赞誉及遐思，可能还有借古抒怀，表达自己同样期待为国立功、安邦平乱的愿望。

看过之后个人觉得最顺嘴的读法是 ri nuan jing hua an tian xia，yue peng suo luo ding qian kun 。

42.“外星”字母

北京延庆青龙桥火车站，因为詹天佑先生在这里修了一段人字形铁路而登上了中小学课本。这里摆放着五块石碑，四大一小，大的有一米多高，上面刻了好多字，笔画雕刻得非常清晰，还用黑色涂染了。连同八达岭京张铁路詹天佑纪念馆里的两块，一共七块，计十个字符：〦二，〣三，〥〤，〢〥，〦〧等。这些字符不是任何一种汉字的字体，更不像英文、德文一类的字母，难道是最时髦的火星文吗？究竟这些“外星字”是什么意思呢？

经多方打听，北京城建一位老先生说出了它的奥秘，原来是“苏州码”，源于算数的符号。这些符号表示的是些数字，这些石块便是里程碑。为避免搞错，“二十三”写成“二〣”。

下表所列出的是苏州码子的具体表示方法，供大家参考。

苏州码	汉字	汉字大写	阿拉伯数字	罗马数字
〡	一	壹	1	I
〢	二	贰	2	II
〣	三	叁	3	III
〤	四	肆	4	IV
〥	五	伍	5	V
〦	六	陆	6	VI
〧	七	柒	7	VII
〨	八	捌	8	VIII
〩	九	玖	9	IX
十	十	拾	10	X

43. 变形汉字

汉字的偏旁，类别很多。古时不少文人利用汉字的特征，造出一些形式奇特的变形字，读来赏心悦目，妙趣横生。这些形状奇特的汉字，也可以算作一种艺术形式吧。在台湾，变形字最受欢迎。清朝宫廷里也流行这种拼字游戏，用各种集体字组成灯笼、水壶形状，与当今过年时人们贴的“招财进宝”异曲同工。

例如，把“招财进宝”写成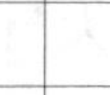的形式，把“日进斗金”写成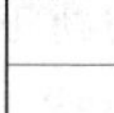的形式，把“福禄寿全”写成的形式，把“黄金万两、春景常安”写成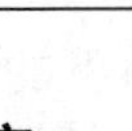的形式，台湾的（读 jiū，音究），取日日有见财，赚到财富之意，等等。

44. 故宫里的错别字

翊坤宫是故宫内廷的西六宫之一，康熙皇帝宠幸的宜妃就曾在此居住过。在翊坤宫的大门口悬挂着一块别致的匾额，四个字愣是错了俩，“明”字多了一横，“盛”字少了一点，这堂堂的皇宫怎么会出现错别字呢？难道是像现如今街头的灯箱一样，是维护不当的结果吗？这里当然另有内幕。

（1）子女教育版

相传，此匾是雍正皇帝所写，之所以四个字错了俩，绝不是文化水平不够，而是故意写错的，要表达一种人生感悟：人世间没有完美的人，也没有完美的事。

（2）心理暗示版

翊坤宫，在明朝就有，大门上“光明昌盛”的匾额也是那时挂上去的，字也完全正确。到了清朝，顺治皇帝成了紫禁城的新主，难免对以前的装修提出点意见，如“光明昌盛”难免让人产生明朝长盛不衰的联想，于是，本着少花钱多办事的原则，大臣们就想了一个主意：把“明”字多写一横，这叫“月满则亏”；把“盛”字抠下一点，意思是说：大明王朝要想再度昌盛，还差一点呐。

45. 蒲松龄巧骂贪官

清初大文学家蒲松龄一生穷困潦倒，以教书为业。闲暇则勤于著书写作，《聊斋志异》是他的代表作。该书以鬼狐影射社会现实，讽世喻事，入木三分，形象逼真。虫草禽兽，皆具人情，富有强烈的现实性和人民性。

一天，侍郎毕谊设宴款待他和王士祯等人。席间有人倡议行令，第一句要三字同头，第二句要三字同旁，第三、第四句要呼应第一、第二句，与其贯串成意。毕谊是进士，又是东道主，于是首先说：

三字同头左右友，

三字同旁沽清酒。

今日幸会左右友，

聊表寸心沽清酒。

王士祯接着说道：

三字同头官宦家，

三字同旁绸缎纱。

君非当朝官宦家，

哪能穿上绸缎纱？

轮到蒲松龄了，他想到在贪官的重重压榨盘剥之下，老百姓怨声载道，于是说：

三字同头哭骂咒，

三字同旁狼狐狗。

村野声声哭骂咒，

只因贪官狼狐狗。

蒲松龄不愧是百姓的代言人，一番话说得王士祯等好生尴尬。

46. 个个草包

传说，和珅建了一座亭子，请纪昀题写横额。纪昀挥毫写了两个大字“竹苞”。竹苞，竹笋也，出自《诗经》，是形容事物像竹笋一样可以顶石破土。和珅想，这是说我在仕途上能取得成功，非常高兴。后来，乾隆探访，看到亭上大字，突然发笑，问是何人题写。和珅愣了愣，回答是纪昀题写的。乾隆说，“竹”字拆开是“个个”，“苞”字拆开是“草包”，纪昀是在骂你，说你家“个个草包”！

47. “赢”字新解

亡：危机意识；口：沟通能力；月：时间观念；贝：取财有道；

凡：平常心态。

48. 奇特的民俗字

靝　𨱧　埊　𡖿

这组特别的民俗字是一副谜语横联，现位于江西省上饶市婺源县秋口镇秋口村161号古民居的门楣上。这副横联上的四个字，分别由两个或三个独体字组成，从左往右依次是“青气”“万丈”“山水土”和“多年”。后来，有一位南昌游客路过此地，经过一番思考和推敲后认为，青色之气为“天”，万丈寓意为“长”，山水土是“地”的组成元素，而多年则为“久”的意思，最终他猜出这四个字应该依次念作“天长地久”。

49. 中国最牛汉字

①最“滑”的汉字：鱻（xiān），“鲜”的异体字，指原生鱼，明丽的意思。

②最“土”的汉字：垚（yáo），形容山高。

③最“闹”的汉字：猋（biāo），象形字，表示狗奔跑，引申为迅速、飙升。

④最“顶”的汉字：麤（cū），三头鹿顶在一起，混搅，动粗。

⑤最“畜生”的汉字：羴（shān），“膻”的异体字，羊肉味。

⑥最“敏感”的汉字：毳（cuì），医学上的专有名词“毳毛”，指除头发、腋毛外其他部位的细毛，即“寒毛”，敏感之意。

⑦最“残酷”的汉字：蟲（chóng），“虫”的繁体字，甲骨文，字形像蛇，即虺（huí），一种毒蛇。

⑧最“昂贵”的汉字：赑（bì），钱，三个贝，很多钱。

⑨最“色”的汉字：姦（jiān），私窃色情，暧昧。

⑩最具“力量”的汉字：犇（bēn），“奔”的异体字，力大，

"奔跑、急匆匆"的意思。

⑪最"无赖"的汉字：毳（pā），典型的"三只手"，窃取不义之财，贼皮，扒手。

⑫最"环保"的汉字：森（sēn），木—林—森，体现了汉字的神奇。

⑬最"快"的汉字：驫（biāo），一马率领二马，风驰电掣般地奔跑，似万马奔腾的样子。

50. 测字趣闻

胡山源《幽默笔记》有一则说：宋代有个叫谢石的测字大师，一日高宗微服私访，书一"問"字让他测算。此人沉思片刻说："左看似君，右看似君，殆非凡人耶？"将信将疑之间，请再写一字复测。高宗即以杖在地上画个"一"字。谢石大惊，曰："'土'上加'一'，'王'也。是我君王乎！"伏地便拜。

明朝末年，风雨飘摇。皇宫一小太监惶惶不可终日，溜到宫外找个测字先生算命。他随口说了个"友"字，测字先生惊呼"不妙"，"友"是"反"字出头，天下必将有人造反。小太监改口说，不是朋友的"友"，是有无的"有"，测字先生说："那更糟糕！""有"是"大明"砍去一半，看来今朝气数将尽。小太监还不死心，又说他测的是申酉戌亥的"酉"。测字先生自己也大惊失色，皇帝为天下至尊，"酉"是"尊"字斩头去脚，大明还能有救吗？小太监一听撒腿就跑。

中华人民共和国成立前夕，孙科任国民政府行政院长。当时南京的《益世报》上，刊文为孙内阁算命。该文作者把"科"字拆为"禾""斗"二字，说孙内阁面对当时国共对峙的形势，"欲和无口，欲鬪（斗）无门"，因此注定是"短命内阁"。事情的发展果然不出所料。淮海战役结束后，这家报纸又刊文预测蒋介石何时下台。该文把“蒋中正”三字拆为五个部分：艹、将、中、一、止。这五个部分拼成一句话：艹一将中止。1949 年 1 月 21 日下午，显赫一时的“蒋总统”，果然黯然宣布“下野”。

51. 新版人民币被指错别字　专家：“圆”有防伪功能

《咬文嚼字》主编郝铭鉴在该杂志“2015 年十大流行语”发布会现场指出，在新版的 100 元人民币上存在错字，“壹佰圆”的“圆”字系错用。

“我们《中国人民银行法》，明确规定人民币的单位是元，辅币是角、分。我们的规范用字就是元。过去用‘圆’是历史造成的，因为过去有银圆，但是现在我们已经有法了，在这个情况下，你新发行的人民币怎么能用字不规范呢？你这个‘圆’字从法的角度来看有根据吗？”郝铭鉴说。

作为《咬文嚼字》的创始人，郝铭鉴认为目前的语言文字运用还是相当混乱，比如广告语中的“一生境所在”“大行德广”之类都不知所云，而“无饿不坐”“饭醉团伙”等店名“一听都是没有立场、没有原则、没有道德的”。

他认为，除这些商业性的用词外，一些城市标识用语也同样不规范，比如在铁道口常见的“红灯停车，灭灯停用”，其中“灭灯停用”的含义就让人难以理解。

对于“人民币上有错字”的消息，有网友表示，作为文字专家，提出“元”的错体字，习惯用法“圆”也要符合现行法律“元”，值得赞赏。

湖南师范大学特聘教授、语言学家石毓智表示，根据《现代汉语词典》等各种权威工具书，“元”和“圆”都可以指同样的货币单位，都没有指出哪一个规范或者哪一个不规范。然而在实际运用中，则形成了两种约定俗成的现象：钱币上一直以来用的都是“圆”字，可是大众日常书写则多用“元”字。所以说，新版的“壹佰圆”只是沿用了长期以来的一个文字使用规范罢了，不能说是错别字。

此外，石毓智认为，“圆”放在“壹佰圆”三个字这个语境中更为合理，因为是“壹”不是“一”，是“佰”不是“百”，都是选一个笔画更复杂的字体，目的是防伪。根据同样的道理，选用“圆”，因为其笔画多，有“防伪”的作用。

52. 北京国子监门匾现错别字　已悬挂近 10 年（图）

国子监门匾出现错别字

国子监大街院口的门匾上是否写错了字？市民杨先生经过国子监大街时发现，临街一院落的朱红大门上悬挂着一块门匾，上面用繁体字赫然题写着“聖人鄰裡”四个字。有着书法行业从业经历的杨先生对文字极为敏感，他当时便意识到“鄰里”的“里”被错写成“裡面”的“裡”！《北京青年报》记者来到国子监大街 49 号，据安定门街道介绍，2007 年设立该牌匾主要是为了鼓励院内居民和睦相处，并未考究其书写方式是否正确。古汉语专家证实牌匾上的字确实是写错了，究其根源，是题写者没有弄懂汉语的繁简变化，误用了“裡”字。

杨先生介绍，在繁体字里，“里”和“裡”（“裡”为“裏”的异体字）是意义完全不同的两个字。“里”最初是指乡村的居民聚落，后来也指称城市中的街坊、巷弄。如今北京还有许多以“里”命名的地名，诸如平安里、松榆里、安贞里、永安里、蓟门里等。但是，由于不明繁简字的关系，人们常常将“故里”的繁体字误写作“故裏”或“故裡”。2008年《咬文嚼字》编辑部公布该年度大陆出现频率最高、覆盖面最广的十大语文差错，名列第四的就是：“故里”误为“故裏”。

“要是一般的地方也就算了，这条胡同毗邻孔庙和中国古代最高学府国子监，胡同里每天都有无数熙来攘往的游客。尤其是熟悉繁体字的港、澳、台游客，被他们看到难免会闹笑话。”杨先生建议相关部门尽快把这个字撤换掉，并加强对古代文化知识的普及，毕竟“不了解繁体字就不了解中国传统文化”。

北京师范大学文学院古代汉语研究所孟琢对《北京青年报》记者表示，该门匾的“裡”确实有误，而错误源于一个简体字对应多个繁体字，人们使用繁体字时没有弄清楚各字的源流和变化。他认为，上面用繁体字题写着“聖人鄰裡”，其实应该用“里”。在繁体字里，“里”和“裡”是意义完全不同的两个字，但二者简化时都作“里”，现代人在使用时常会混淆。

孟琢介绍，繁体字的“里”，是指人群聚居的地方，也指称城市中的街坊、巷弄。“裡”为“裏”的异体字，即“裏”由上中下结构变成了左右结构，它的本义是指衣服的内层，现在还有人把衣服的内层称为“里（裏）子”。“汉语中，类似一个简体字实际对应多个繁体字的现象其实很多的，如果不了解汉字的繁简变化，就很容易出这种错误。”

53. 成语版的“四则运算”

（1）加法运算

（ ）言为定 +（ ）鸣惊人 =（ ）全其美

（ ）亲不认 +（ ）触即发 =（ ）窍生烟

（ ）体投地 +（ ）手遮天 =（ ）神无主

（ ）令五申 +（ ）平八稳 =（ ）步之材

（ ）通八达 +（ ）望无际 =（ ）湖四海

（ ）龙戏珠 +（ ）零八落 =（ ）霄云外

（ ）海为家 +（ ）亲不认 =（ ）万火急

（ ）生有幸 +（ ）颜六色 =（ ）面玲珑

（ ）字千金 +（ ）令五申 =（ ）通八达

（ ）牛一毛 +（ ）目了然 =（ ）面埋伏

（2）减法运算

（ ）彩缤纷 –（ ）呼百应 =（ ）海升平

（ ）全十美 –（ ）手八脚 =（ ）顾茅庐

（ ）光十色 –（ ）事无成 =（ ）面八方

（ ）嘴八舌 –（ ）亲不认 =（ ）言为定

（ ）死一生 –（ ）分五裂 =（ ）湖四海

（ ）室九空 –（ ）盘散沙 =（ ）牛一毛

（ ）神无主 –（ ）龙戏珠 =（ ）面受敌

（ ）体投地 –（ ）长两短 =（ ）败俱伤

（ ）仙过海 –（ ）掷千金 =（ ）上八下

（ ）面威风 –（ ）光十色 =（ ）头六臂

（ ）颜六色 –（ ）海为家 =（ ）丝不苟

（3）乘法运算

（ ）里挑一 ×（ ）川归海 =（ ）籁俱寂

（ ）马平川 ×（ ）发千钧 =（ ）笔勾销

（ ）全其美 ×（ ）相情愿 =（ ）海一家

（ ）花齐放 ×（ ）万火急 =（ ）变万化

（ ）全十美 ×（ ）指连心 =（ ）花盛开

（ ）龙戏珠 ×（ ）丝不苟 =（ ）面三刀

（ ）心二意 ×（ ）视同仁 =（ ）思而行

（ ）言九鼎 ×（ ）牛二虎 =（ ）霄云外

（ ）顾茅庐 ×（ ）望无际 =（ ）言两语

（4）除法运算

（ ）寿无疆 ÷（ ）思不解 =（ ）折不挠

（ ）霄云外 ÷（ ）头六臂 =（ ）教九流

（ ）神无主 ÷（ ）虎相斗 =（ ）长两短

（ ）面楚歌 ÷（ ）面三刀 =（ ）龙戏珠

（ ）拿九稳 ÷（ ）光十色 =（ ）袖清风

（ ）炼成钢 ÷（ ）全十美 =（ ）拿九稳

（ ）气呵成 ÷（ ）毛不拔 =（ ）波三折

（ ）拜之交 ÷（ ）鬓如霜 =（ ）海为家

（5）混合运算

丢（ ）落（ ）+（ ）步登天 =（ ）（ ）成群

（ ）从（ ）德 +（ ）鼓作气 =（ ）年（ ）载

（ ）体投地 ×（ ）窍生烟 =（ ）令（ ）申

（ ）石（ ）鸟 × 退避（ ）舍 =（ ）头（ ）臂

（ ）面（ ）方 ÷ 独（ ）无（ ）=（ ）面楚歌

54. 看数字　猜成语

①谜题：0000 （谜底：四大皆空）

②谜题：0+0=0（谜底：一无所获）

③谜题：0+0=1（谜底：无中生有）

④谜题：1×1=1（谜底：一成不变）

⑤谜题：1 的 n 次方（谜底：始终如一）

⑥谜题：1 ∶ 1（谜底：不相上下）

⑦谜题：1/2 （谜底：一分为二）

⑧谜题：1+2+3（谜底：接二连三）

⑨谜题：3.4（谜底：不三不四）

⑩谜题：33，22（谜底：三三两两）

⑪谜题：2/2 （谜底：合二为一）

⑫谜题：20÷3（谜底：陆续不断）

⑬谜题：1=365 （谜底：度日如年）

⑭谜题：9 寸加 1 寸（谜底：得寸进尺）

⑮谜题：1÷100（谜底：百里挑一）

⑯谜题：333，555 （谜底：三五成群）

⑰谜题：5，10（谜底：一五一十）

⑱谜题：1，2，3，4，5 （谜底：屈指可数）

⑲谜题：1，2，3，4，5，6，0，9 （谜底：七零八落）

⑳谜题： 1，2，4，6，7，8（谜底：隔三差五）

㉑谜题：2，3，4，5，6，7，8，9（谜底：缺衣少食）

㉒谜题：7/8 （谜底：七上八下）

㉓谜题：2，4，6，8（谜底：无独有偶）

㉔谜题： 4，3（谜底：颠三倒四）

55. 妙趣横生的汉字

一次宴会上，周瑜对诸葛亮说：“孔明先生，我吟首诗，你来对，对出来有赏，对不出杀头问罪，如何？”诸葛亮从容笑道：“军中无戏言，请都督先吟。”

周瑜大喜，开口便道：“有水便是溪，无水也是奚，去掉溪边水，加鸟便是鸡。得志猫儿胜过虎，落魄凤凰不如鸡。”

诸葛亮听罢，心中暗想，自己身为蜀相军师，今日落到周瑜之手，岂不是“落魄凤凰”吗？便立即吟诗以对：“有木便是棋，无木也是其，去掉棋边木，加欠便是欺。龙游浅水遭虾戏，虎落平阳被犬欺。”周瑜闻言大怒。鲁肃早已留意这场龙虎斗，见周瑜意欲爆发，急忙解释道：“有水便是湘，无水也是相，去掉湘边水，加雨便是霜。各人自扫门前雪，莫管他人瓦上霜。”

周瑜怒气未消，他更换内容，又吟道：“有手便是扭，无手便是丑，去掉扭边手，加女便是妞。隆中有女长得丑，江南没有更丑妞。” 诸葛亮听了，知道这话是在嘲笑自己的夫人黄阿丑长得丑，便立即回应道：“有木便是桥，无木也是乔，去掉桥边木，加女便是娇。江东美女大小乔，铜雀春深锁二乔。”

周瑜知道这话是在奚落自己的夫人，怒发冲冠，几次都想发作。剑拔弩张之时，鲁肃在一边和了几句：“有木便是槽，无木也是曹，去掉槽边木，加米便是糟。当今之计在破曹，龙虎相斗岂不糟？”

众人一齐喝彩，周瑜见鲁肃调解，无奈只好收场。千余年弹指已过，故人化为黄土。而鲁肃化干戈为玉帛的智慧表演，却一直流传在中华大地上。

这正是：有水便是清，无水也是青，去掉清边水，加心便是情。青山不老依旧在，三国演义千古情。有人便是伊，无人便是尹，去掉伊边人，加口便是君。莫愁前路无知己，天下谁人不识君？有衣便是裙，无衣便是君，去掉裙边衣，加羊便是群。志同道合奔小康，兄弟姐妹聚一群。

56. 纠正错别字歌诀

错别字是俩概念，要想纠正也不难。

汉字结构把握准，思想重视是关键。

细微差别形近字，偏旁部首细分辨。

读音相同字易错，注意用法及习惯。

附 1：形旁对照

①扌：扬、捎、捧、抽、抗……（“扌”旁的字与动作有关）

木：杨、梢、棒、柚、杭……（“木”旁的字与树木有关）

我们在书写汉字的时候，首先认真思考一下，是与动作有关，还是与树木有关。与动作有关就写成“扌”旁，与树木有关，就写成“木”旁，持之以恒，养成习惯，就可以少出或不出错别字。（下同）

②衤：补、衬、衫、袄、袖……（“衤”旁的字与衣服有关）

礻：社、福、神、礼、祖……（“礻”旁的字与古时的祭祀或迷信活动有关）

③广：庄、府、库、庭……（“广”旁的字一般与房屋有关）

疒：疾、病、疗、疮、痛……（“疒”旁一般与疾病有关）

④廴：廷（艇、挺、庭）、延（筵、诞、涎）、建（键、健）——字数很少，可以记住。

辶：这、道、运、追……（“辶”旁一般与通行道路有关）

⑤纟：织、线、绸、纠……（“纟”旁一般与丝、纤维有关）

幺：幻、幼、兹（磁、滋、慈）、幽——字数很少，可以记住。

⑥又：取（娶、聚）、叔（淑、椒）、度、变

攵：改、敢、致、嫩……

欠：欢、漱、款、炊……

⑦亻：亿、使、侍、例……

彳：彷、彼、待、御……

亻丨：候、修、攸（悠）……——字数少，可记住。

⑧弋：弍、式（试、拭）、代（袋、贷、黛）——字数少，可记住。

尧：尧、挠、晓、绕

戈：戊、成（城、诚）、戎（绒、贼）、戒（诫）、战、伐

武：武、赋、斌（只有一字）

⑨歹：列、殉、殇、死、殃（多与伤亡有关）

夂：冬、条、夏、备……

⑩癶：登、澄、葵、癸、瞪……

祭：祭、蔡、擦、察——字数少，可记住。

⑪日：晴、暗、晒、晓、昭……（与日光有关）

目：睛、盲、瞻、瞎、眉……（与眼有关）

⑫月：有、朔、期、朝、朦……（与月亮有关）

肌、肤、肝、肺、脏……（“月”为肉的变形，与五脏有关）

⺼：肓、育、脊、背、臂……（“⺼”为肉的变形，与五脏肢体有关）

贝：贞、贪、贸、贱、货、贷……（与财贸有关）

⑬予：豫、预、野、杼、舒……

矛：茅、柔、揉、蹂、矜……

附 2：声旁对照

①东：冻、栋、陈……

练：炼、拣……

②朿：刺、策、棘、枣……（不封口）

束：速、赖、嫩、辣、漱……（封口）

③少：沙、劣、省、雀……

步：陟、涉、频……

④泽：择、释、驿、铎……

夅：降、洚、逄、绛……

夆：逢、峰、蜂、蓬……

⑤⺗：恭、慕、添、舔……（“⺗”是心的变形，与心理活

动有关）

氺：泰、暴、黎、漆、膝……（“氺”是水、米的变形）

⑥㔾：范、犯、诡、卷……（“㔾”只两笔，下面没有横）

巳：导、异、巷、港……（“巳”全封口）

己：记、纪、岂、起、杞、配……（“己”全开口）

已：（“已”半开口）

⑦叚：假、霞、暇、瑕、遐……

段：锻、椴、煅、塅……

⑧臽：陷、馅、谄、焰……（韵母是“an”，掐例外）

舀：滔、韬、蹈、稻……（韵母是“ao”）

⑨仓：伧、苍、抢、创、疮……（韵母是“ang”）

仑：伦、沦、轮、抡……（韵母是“un”）

⑩艹：苗、荒、萧、薄、藉、茄、营……（“艹”旁的字一般与花草有关）

⺮：笛、箫、簿、籍、笳、管……（“⺮”旁的字一般与竹子有关）

附3：形近字辨析

①乞：吃、讫、屹……

气：汽、忾……

②日：者、暖、复、易……

目：看、县、夏、臭……

直：真、值、具……

③今：含、贪、念、岑、黔……

令：冷、岭、领、邻、怜……

④几：机、饥、亮、虎、肌……

凡：帆、矾、筑……

⑤九：仇、杂、轨……

丸：热、势、垫、熟……

⑥免：挽、晚、冕、勉、娩……

兔：逸、冤……

⑦氏：纸、坻……

氐：底、低、抵、邸、砥……

⑧上短：土、未、妹、寺、幸……

下短：士、末、壮、志、声、袜、壶……

第四章 语法

1. 词类辨别歌诀

词可分为十二类，实词虚词站两队。
名动形容数量代，词的意义都实在。
副介连助叹拟声，遣词造句离不得。
词的兼类常出现，根据语境细分类。
结构上分多同反，感情色彩褒中贬。
语法意义单纯合，单音多音音节类。
把握标准分类别，标准不一分不对。

2. 词类歌诀

①名词

人和事物各有名，万千名目可辨清。
表示名称即名词，具体抽象有不同。
时间空间和地点，方向位置有专称。
主宾定谓都可做，名词具有多功能。

②动词

世间万物皆运动，于是动词相应生。
行为动作和发展，存在消失与变更。
心理活动及判断，一概可作谓语用。
能愿趋向两动词，配合谓语意更明。

③形容词

人有特征物有形，修饰动名靠形容。

事态动作有性状，描摹性状用形容。
形容词语极丰富，准确修饰需深功。
形容词语功能多，主要充当状谓定。

④数词

数词即为表数目，确数概数和序数。
确数包括整分倍，不定数目是概数。
整数前加老第初，排列顺序是序数。
分数倍数表增加，减少只能用分数。

⑤量词

表示单位量词全，单位各异按习惯。
事物行动做统计，物量动量分两款。
量词数词相结合，数量短语功能全。
动量短语居动后，物量短语在名前。

⑥代词

代词代替人事物，按照作用分三族。
人称代词我你他，咱们自己和大家。
疑问代词谁什么，怎的性状数如何。
提示代词这和那，每各某另别其他。

⑦副词

副词修饰动与形，范围程度与时间。
肯否估计与情态，语气频率用法全。
稍微没有全都偏，简直仅仅只永远，
已经曾经就竟然，将要立刻刚偶然，
渐渐终于决忽然，难道连续又再三，
也许必须很非常，最太十分更马上，
越极总挺常常再，屡次一定也不还。
时名副名看加在，名前可加副不来。

前很后名都不行，单独回答更不能。

⑧介词

自从以当为按照，由于对于为了到，
和跟把比在关于，除了同对向往朝，
用在名词代词前，修饰动形要记牢。

⑨助词

结构助词的地得，时态助词着了过，
语气助词啊吧呢，他词后边附加义。

⑩连词

和同与跟关中间，或者以及带关联。
介词连词难分辨，换位不变才是连。

3. 语言单位歌诀

语言单位分五级，语素词类和短语；
句子句群排后边，短语词句是重点。

4. 短语歌诀

短语又名叫词组，划分角度有两种：
结构功能要清楚，认真训练理自通。
常见结构有七类，平起平坐是并列；
前偏后正有限制，前正后偏重补谓；
主谓动宾无修饰，回答方法定主宾；
介加名词称介宾，的字短语好标识。
相互区别多体验，勤学苦练析疑点。
不动笔墨不练习，照此训练日胜年。

5. 辨别单句成分歌诀

主谓宾语定状补，主干枝叶有顺序。
基本成分主谓宾，修饰成分定状补。
定语必居主宾前，谓前状语谓后补。
“的”定“地”状“得”后补，结构助词要有数；
一般情况要记清，特殊情况辨清楚。

6. 单句成分辨别歌诀

谓语说明主，主被谓说明。
名词做主语，谓语是动形。
名词做谓语，加“是”组合成。
补语补充谓，“及物”要带宾。
助词“的地得”，定状补分明。

7. 复杂单句辨别歌诀

复杂单句是重点，两种情况最常见。
复杂短语做成分，修饰部分一连串。

8. 找宾语歌诀

找宾语，别发愁，宾语多在动词后；
回答“谁”或是“什么”，受动作后把句收。

9. 找定语歌诀

找定语，也不难，定语常在名词前，
不是中间加“的”字，就是定名紧相连。

10. 找补语歌诀

补语前面是动形，多用“得”字来标明；
它为动形做补充，这和定语大不同。

11. 找状语歌诀

找状语，别作难，它和补语正相反。
“地”字是标志，都在动词前。

12. 单复句辨别歌诀

复句结构很精密，分句相对都独立。
彼此互不做成分，分句内在有联系。
单句表意较单纯，复句复杂又精密。
复句常有关联词，极少出现单句里。

13. 分析多重复句歌诀

把握全局最要紧，两大分句要看准。
一根竖线从中分，什么关系要写清。
再把两边来查看，若是分句继续分。
双线表示第二层，什么关系写分明。
以此类推层层分，直把复句都分尽。

14. 复句层次关系辨别歌诀

“不是”“而是”是并列，
“不是”“就是”是选择。
“尚且”“何况”是递进，
“尽管”配“还”是转折。
“既然”配“就”是因果，

"即使"配"也"是假设。
"无论""除非"和"不管",
"只有""只要"讲条件。

15. 改病句歌诀一

常见病句有七类:成分残缺不搭配,
关联词语不恰当,重复多余太累赘,
语序颠倒话不通,误用词性说不对,
逻辑错误也要改,尽量少改留原意。

16. 改病句歌诀二

修改病句有要领,好比医生诊治病。
找出病根是关键,对症下药记心中。
赘余部分要删去,成分残缺要补充。
用词不当得更换,词序不当则调整。
意思杂糅分开说,指代不明须分明。
不合逻辑要修改,四个规则做准绳。
标点虽小不放过,错字别字要纠正。
语句当然要通顺,原意不能有改动。
阅读写作要细心,无错乱改添新病。
文章不厌百遍改,多读多改句自精。

17. "说说清楚"不合语法

很多场合常常听到"这件事得说说清楚"这句话,其实这句话是不符合语法的。

"说"是个动词,用AA式重叠之后,表示尝试尝试或动作时间短暂,与"清楚"不搭配。这句话可说成"这件事得说说",

或“这件事得说清楚”。

18.“杜撰”溯源

古时候，有个叫杜默的人，喜欢作诗。但都是凭空捏造，毫无真实感情，内容空泛，不着边际，而且不讲韵律，不合语法，诗不像诗，文不像文，不伦不类。因此，人们每看到不像样的诗文就脱口而出：“这是杜默撰写的。”后来，这句话逐渐简化为“杜撰”。再往后，又被引申为不真实的、没有根据的编造。

19. 灵官庙的打油诗

从前有个人，喜欢写打油诗但又不学无术，一天他到灵官庙游览，“诗兴大发”便在墙上题诗一首：

“走进灵官庙，看见灵官菩。手执一条鞭，脚踏一只乎。”并在“乎”字后注上“乎，虎也”，似乎怕别人看不懂。

后来，有游客到此游览，看到这首令人费解的诗，便又补了两句：如此作诗人，放你狗臭匍。

这个游客为了加强对那个不学无术者的讽刺，也模仿前作诗人的注术：“匍，屁声也。”

这是笑话。且不说打油诗内容如何，单从用词来看，就是违反常规的。汉语中两个音节以上的单纯词是不能拆开用的，拆开了就无意义，或与原来的意义完全没有关系。如：把“菩萨”一词拆开，只用“菩”字令人费解，后者把“匍匐”故意拆开，“以其人之道还治其人之身”。至于第四句末：“一只乎”，更使人莫名其妙。

20. 屡败屡战

曾国藩跟太平军交战，每战必败，他很恼火。正在这个时候，皇帝命他汇报战况。无奈他在奏折里写道："臣屡战屡败。"他手下的一位师爷觉得这样写太伤面子，提笔改成"屡败屡战"。词序稍加调换，意义全然不同，乐得曾国藩合不拢嘴。

21. 喝墨水

我国古代曾有过罚喝墨水的事。当时的喝墨水，指的是喝黑色的墨汁。最早有喝墨水的记载，是1400年前的南北朝时期。那时朝廷曾经下过一道命令，规定在科举考试时，对于那些"成绩滥劣者"一律罚喝墨水，而喝多喝少则视其成绩的低劣程度而定。以后有好几个朝代都沿用这个规定来处罚成绩差的考生。到梁武帝时，对罚喝墨水的数量还做了具体规定："差缪者罚饮墨汁一斗。"《隋书·仪礼志》里也明文规定对考卷上的书法不工、解题拙劣的考生罚饮墨汁。

22. 斯大林改词

在苏联卫国战争进入大反攻的时候，一个战士向斯大林汇报说："敌人撤退了。"斯大林立即纠正道："不是敌人撤退了，而是敌人在逃跑。"

23. 一个字

高尔基的一篇小说已经写好了，只是有一个字他还不满意，迟迟不肯发稿，出版社催了几次，他仍然不发。有一天，他去看马戏，突然想起了这个字，于是戏也不看了，立刻跑回家改好。

24. 霸"皇"

"皇"是名词，也可作形容词，表示盛大、显耀或美丽的意思，如"皇皇巨著""富丽堂皇"等。正因为"皇"有如此形容的功能，古时候一般百姓皆以“皇”字作为对先代的敬称，如“皇考”“皇妣（bǐ）”（考，即亡父；妣，即亡母）。

但是到了元朝，成宗帝则下令禁止百姓用“皇”字敬称亡父亡母。徐乾学的《谈礼通考》卷五十六有云：“古人于祖，考及妣之上，皆加一皇字，逮元大德始诏改皇为显，以士庶不得称皇也，不知皇之取义，美也，大也，初非取君字之义。”可见，皇帝不仅霸天霸地，而且连个“皇”字也要独霸。

25. 神奇的“一”字

从前，三个秀才参加乡试之后，到一位测字先生那里去卜问前程。那位先生笑而不语，只伸出右手的食指摇摇，然后对他们说：“以后就会知道我的意思了。”后来怎样呢？据说三个秀才都十分佩服那位测字先生，认为他有先见之明。

那位测字先生伸出一个指头的含义是什么呢？我们不妨揣测一下：这个指头代表数字“一”，可说“三人有一人考中”，也可说“三人有一人没考中”；可说“三人连一个也没考中”，也可说“三人一齐考中了”。这样，一人考中、两人考中、三人都考中和三人都没考中这四种可能都包括完了。看来，测字先生并没有什么高明之处，只不过利用“一”字的多种解释，去骗那三个不动脑筋的秀才罢了。

这就是汉语中一词多义的现象。“一”还可以解释为“专一”（一往直前、一心一意），还可以解释为“全”“满”（一身是胆、一碧万顷），还可以解释为“同一”（一丘之貉、一个鼻孔出气）。此外，“一”还可以做动词“统一”（六王毕，四海一），还可与别的数字连用，表示数量少（略知一二）等。一词多义，是汉语的普遍现象，理解时应做到“词不离句”。

26. “湿”字传神

据说，宋朝有一个寺院的墙壁上，题了杜甫《曲江对雨》诗中“林花著雨胭脂湿”的句子，因年久日深，字体残缺，少一“湿”字。一天，苏东坡、黄山谷、秦少游、佛印四人同游此寺看到后，他们想把这个字补上。苏东坡补的是“润”字，黄山谷补的是“老”字，秦少游补的是“嫩”字，佛印补的是“落”字。回去一查，原来是个“湿”字。众人皆佩服杜甫用词的准确。

这个故事说明：汉语词汇丰富多彩，要做到生动地使用词语，必须确切地掌握好每个词的含义，还必须善于观察生活，反复推敲斟酌，比较那些近义词的细微差异。

27. 安禄山的专横

唐玄宗时，有个节度使叫安禄山，他举兵造反，独霸一方，自封为皇。安禄山喜欢作诗，有一次他寄了一盒樱桃给儿子怀王庆绪，并附了一首诗：

樱桃一篮子，半青一半黄，
一半与怀王，一半与周贽。

臣下提意见说：“大作写得很高妙，但如果能改为‘一半与周贽，一半与怀王’，那就押韵了。”安禄山大怒，说：“混账！我儿子怎能排在周贽之后？”

安禄山望子成龙，但后来却被儿子所杀。这则小品载在明朝笔记小说《五杂俎》中，它反映了安禄山的专横，又说明了遣词造句，不能强词夺理，否则文理不通，变成像安禄山及其歪诗一样，为后人耻笑。

28. 倒装句的特殊效果

宋朝晏殊的《浣溪沙》，是一首悼惜残春的词，当中有“无可奈何花落去，似曾相识燕归来。小园香径独徘徊”这三句，如果用今天的白话来写，应该是：“在花园的小路上徘徊，看到落花，感到无可奈何，瞧那归来的燕子，觉得似曾相识啊！”

词句如按这样的顺序写，便显得平淡，而原作用倒装句使感情表达得更突出，效果更好，语言的节奏更加鲜明，这是很值得借鉴的。写诗作文，作者有选择语序的自由，但必须知道，这个自由是有范围的，那就是老百姓的语言习惯。超出习惯的例子偶然也有，但是其中必定有更能说服人的理由，否则会造成文理不通，被人指责。

29. 奇特的数词

数字是干巴巴的，但以数字入诗，用得恰当，便会妙趣横生。我国是一个有悠久诗歌传统的国家，自古以来，许多诗人喜欢以数字入诗。韩愈的“一封朝奏九重天，夕贬潮阳路八千”，柳宗元的“一身去国六千里，万死投荒十二年”，李白的“金樽美酒斗十千，玉盘珍馐值万钱”，陆游的“三万里河东入海，五千仞岳上摩天”，杜甫的“烽火连三月，家书抵万金”，岳飞的“三十功名尘与土，八千里路云和月”等，都是脍炙人口的以数字入诗的佳句。至于陈沆的十“一”诗“一帆一桨一渔舟，一个渔翁一钓钩。一俯一仰一颦笑，一江明月一江秋”，以及无名氏的“一去二三里，烟村四五家。楼台六七座，八九十枝花”，那简直是诗的数字游戏。

30. 故作高深

抗日战争前，广东有个军阀叫李福林，他不学无术，但却装作很有学问的样子。他每讲一句话，都要加上一两个成语或其他文绉绉的词语。有一次，他到中山大学讲演，他说：“诸位大学生们，校长阁下敬请我光临贵校，本人深感侥幸，犹鹤立鸡群，不由得使我飘飘然……”

学生们哄堂大笑。

李福林不高兴地说：“你们笑什么？我是个大老粗，说话虽则狗屁不通，可是打起仗来，我能赤膊上阵！”这时，连板起脸孔瞪着学生们的校长也忍不住“哧”的一声笑起来了。

说话同写文章一样，要懂得所用词语的褒贬义，还要区别书面语言和口头语言，故作高深，只会落得个当众出丑。

31．“而”字和“了”字

从前有位老夫子，写文章爱用“而”字，他的门生模仿他，可又用得很不恰当。老夫子便在门生的卷子后面批道：“应而而不而，不应而而而，而今而后，已而已而。”后来有人看到笑道：“而字像钉耙，作文常用它。用得恰当可松土，用得不当毁庄稼。”

这位老夫子和他的门生还爱用“了”字。有一次，门生又写一篇文章，每句话都有“了”字。老夫子看后，提笔批道：“你用的了太多了，了要被你用了了。为了不把了用了，今后不要用了了。”有人看了老夫子和门生的文章讽刺说：“师用了，徒用了，了多的毛病怎改了？别改了，别改了，反正了字用不了。”

32．数词的大写

数词的写法一般有两种，即阿拉伯数字，如“1、2、3、25、1/2……”，汉字数字，如“一、二、三、二十五、二分之一……”。为了防止篡改，人们从浩瀚的汉字中找出读音相同的10个字，作为庄重场合的专用数字（银行支票、财务收据等）。实际上，这些数字并不单指数字，还有别的意思。如壹：即专一；贰：变节、背叛；叁：“参”的另一种写法，加入；肆：任意妄为；伍：古有“五人为伍”之说；陆：高出水面而地势平坦的土地；柒：漆树或漆料；捌：有齿为耙，无齿为捌；玖：黑色的石头；拾：把东西捡起来。

33. 古汉语人称代词辨析

“我、吾、余、予”等，是古汉语第一人称代词。在古文中，常在同一篇文章或同一个句子中同时出现，原因主要有二：

一是为了避免词语的重复。变换使用，词语的重复感减轻。二是语法作用不同。先秦魏汉时期，“我”可做主语、宾语，也可做定语，而“吾”只能做主语、定语，不能做宾语。“余”能做主语、宾语，不能做定语。有时，它们不能互换。

34. “之”字活用歌诀

之字为代词，且做宾语时，
用在名词后，名词转动词。

35. “中国”的同义词

我们伟大的祖国，现在的正式名称是中华人民共和国。在历史上，随着朝代的更替，还有许多别的名称，有的沿用至今，有的只能在古籍中看到。其名字有中、中国、赤县、神州、华、中华、诸华、夏、华夏、诸夏、中夏、方夏、区夏、函夏、禹域、禹迹、禹甸、九州、九域、九有、九土、九区、九牧、九围、九囿、九野、四海、海内等。

36. “中国”一词的由来

我国古代，“国”字的含义是“城”或“邦”。“中国”就是“中央之城”或“中央之邦”。周代文献中，“中国”一词有五种不同含义：一指京师，即首都；二指天子直接统治的王国；三指中原地区；四指国内、内地；五指诸夏或汉族居住的地区和建立的国家。自汉代开始，人们常把汉族建立的中原王朝称为“中国”。南北朝时期，南朝自称为“中国”，把北朝叫作“魏虏”；北朝也自称为“中国”，把南朝叫作“岛夷”。辽与北宋，金与南宋，彼此都自称“中国”，都不承认对方为中国。

严格地说，古代“中国”是一个形容词而不是一个专有名词。当然，历史上的“中国”不等于今天“中国”的范围。我国古代各个王朝都没有把“中国”作为正式国名。直到辛亥革命以后，才把“中国”作为“中华民国”的简称。中华人民共和国成立后，我们也把“中国”作为“中华人民共和国”的简称。（摘自《新闻汇报》）

37.“一块一角”

从前，有一个商贩切西瓜卖，桌边挂一牌子，上写“一块一角”。有个人口渴难耐，迫不及待地吃了一块，商贩要收一块钱，那人不同意。商贩说：“我这是明码标价，一块钱买一角嘛！”那人没法，只得付了款。

商贩觉得赚钱太容易了，于是又想出一个新点子。这时，恰巧又有一个买瓜的，买了一块瓜，商贩要他付四块钱。那人不同意，商贩说：“我明码标价，童叟无欺，一块一角。你要的这块西瓜共四个角，所以你要付四块钱。”

38.乾隆的数字诗

传说一日乾隆游后花园，宰相刘罗锅及大臣们陪同。园中春意盎然，百花盛开。这时，有位大臣递给乾隆一朵鲜花说：“皇上诗写得特别好，何不趁这大好春光赋诗一首，让臣下开开眼界？”乾隆兴味索然，毫无诗兴，便边掐花瓣往草丛里扔边随口说道：

“一片两片三四片，五片六片七八片，九片十片十一片……”这时，刘罗锅画龙点睛地续上一句：“飞入草丛都不见。”群臣欢呼，诗写得妙！

39. 数字哑谜

窍哥是云南少数民族智慧的化身。财主万世昌因打赌把二女儿阿莲许配给窍哥后又反悔，要用哑谜考验窍哥。如果窍哥赢了，就允许其婚事，否则，窍哥必须远离这个山寨。万世昌伸一大拇指，窍哥对三个指头，万世昌认输。万世昌又伸出大拇指和食指，成“八”字，窍哥拍拍屁股，万世昌又认输，只得答应这门婚事。

万世昌的老婆问怎么回事儿，万世昌说：“我伸一大拇指意思是：这个家我一人说了算。窍哥伸三个指头，意思是：家产要阿莲姊妹三人分。我输了。第二次，我伸一‘八’字，意思是：财主卢家有八间店铺，向我家求婚，我都不把阿莲嫁给他。窍哥拍拍屁股，意思是：都在他胯下。我又输了。”

窍哥的几位穷朋友也迷惑不解，窍哥竟敢跟财主比比画画，还让万世昌认输，请窍哥解释，窍哥说：“万世昌伸一大拇指，意思是：他一顿吃一碗饭。我伸三个指头，意思是：我一顿得吃三碗。他认输了。他又伸出‘八’字，意思是：他一顿能吃八碗。我拍拍屁股，意思是：你放屁。他又认输了。”

40. 纪晓岚巧对

纪晓岚进宫当侍读时，一天，天色已亮而乾隆皇帝还没来，纪晓岚对同僚说：“老头儿怎么还不来？”恰好乾隆跨门而入，听到纪晓岚的话，就愠愠地问：“‘老头儿’三个字作何解释？”周围的人吓得为纪晓岚捏一把汗，而纪晓岚不慌不忙跪下说：“万寿无疆叫作‘老’，顶天立地叫作‘头’，父天母地叫作‘儿’。”

于是，龙颜大悦。

又一次，乾隆问纪晓岚："竹篮有何用？"纪晓岚答："装东西。"又问："为何不装南北？"纪晓岚答："东方甲乙木，西方庚辛金。金木可以入篮，所以叫装东西。南方丙丁火，北方壬癸水，竹篮盛火则被烧，装水则水漏，故不能装南北。"

41. "为了学生"

"一切为了学生，为了学生一切，为了一切学生。"这是河南安阳市某中学的办学宗旨。

在这里，拟订这一办学宗旨者准确运用语法手段把六个汉字巧妙地组合在一起，十分准确地表达出比较复杂的内容，形式新颖，构思奇特。在汉语中，同样的词语，排列顺序不同，表达的意思和效果就不同，有时甚至有天壤之别。因此，我们在说话、写文章或遣词造句时，应恰当地安排词序。

42. 学生造句

一位学生造句，连起来，恰似一篇微型小说。

虽然……但是……：我爸爸虽然官不大，但是他能捞很多钱。

不但……而且……：爸爸不但收了别人很多钱，而且还贪污了很多公家的钱。

因为……所以……：因为爸爸犯了法，所以公安局的人抓走了他。

如果……那么……：爷爷说，如果爸爸不收别人的钱，也不贪污公家的钱，那么他就不会犯法。

43. "一"字多解

①六王毕，四海一。（《阿房宫赋》）动词，"统一"。

②寒暑易节，始一反焉。(《愚公移山》)数词，自然数的开始。

③一出门，裘马过世家。（《促织》）副词，“一旦”。

④下饮黄泉，用心一也。（《劝学》）形容词，“专一”。

⑤合纵缔交，相与为一。（《六国论》）名词，“一体”。

⑥妇啼一何苦。(《石壕吏》)助词，与“何”连用，相当于“何其”“多么”。

44. 李白用语法巧戏高力士

高力士宴请李白，要李白即兴作诗，李白在墙壁上写道：

鱼鳖虾蟹都是座上客——

停了一会儿，又写上：喜食之物。

狼心狗肺皆为主人的——

停了一会儿，又写上：宴宾佳肴。

45. “教师”的同义词

教师的称谓有先生、西席、西宾、园丁等。“教师”是基本称呼，源自古籍《礼记·学记》：“故师也者，所以学为君也。”“师氏”是最古老的称呼，源于《周礼》。“师长”源于《周礼·地官》：“三日顺行，以事师长。”“师傅”源于《穀梁传·昭公十九年》：“羁贯成童，不就师傅，父之罪也。”“师资”源于《后汉书·欧阳歙传》：“上令陛下获杀贤之机，不使学者丧师资之益。”“师父”是尊称，教师如父母之意。《白虎通义·封公侯》：“人有三尊，君、父、师。”“教职”原为周礼中小宰六职之一，掌管教导之事，清代“教师”成为专称。

46. 教师的比喻

教师是蜡烛——燃烧了自己，照亮了别人。

教师是春蚕——为他人毫不保留地献出最后一根丝，死而后已。

教师是蜜蜂——博采百花，酿出蜜糖，以营养丰富的珍品馈赠人类，对人类无所求。

教师是人梯——让无数的后来者踏着自己的肩膀攀登得更高更高。

教师是渡船——把数以万计的人送到彼岸，自己仍停留在原处。

教师是园丁——施肥浇水，除草捉虫，剪枝去腐，四季辛勤。寒雪飘飘，他用柔软的窗帘，给花儿一个温暖的梦幻；烈日当空，他用浓郁的倩影，给花儿一片凉爽的绿荫。

教师是太阳——默默地倾洒全部的爱，用智慧的阳光驱散愚昧与无知，点燃灵感的火花，照彻心灵的空间，化懵懂为智慧，变腐朽为神奇，将沙漠变绿洲……创造着一个又一个奇迹！

教师是月亮——民间仙女嫦娥，在他身边尽情施展其舞蹈才华；伐桂吴刚，在他身边尽显其英雄本色；精灵玉兔，在他怀中躁动着灵光宝气；雀跃的群星，紧紧地依偎在他的身旁。

教师是地球——任千山在自己身上崛起，让万壑在自己身上澎湃。千古文化蕴藏在自己心中，现代天体旋转在自己周围。

教师是慈母——关注学生的冷暖和饥饱，深知学生的苦恼和欢欣，时时刻刻贡献着母亲的疼爱和温存。

教师是文学家——虽没有举世惊叹的名著，那撒遍天下的桃李，都是教师不朽的作品。

教师是将军——普通的生涯中，不曾叱咤风云，希望的波光，却像奔腾的长江，气势雄浑，像指挥千军万马的常胜将军。

教师是富翁——虽然物质生活有些清贫，但精神世界却无比富有，无限地向着工厂、矿山、机关和乡野延伸。

教师是工程师，设计着一幅又一幅“精神蓝图”；教师是雕塑家，精雕细刻了一个又一个冰筋雪骨的圣洁灵魂；教师是鲜花，洁丽而自豪；教师是劲草，顽强而骄傲；教师是明星，灿烂而荣耀；教师是平川，澎湃而欢笑；教师是小草，平凡而崇高；教师是大海，百川向其汇合；教师是高山，昂首向云霄；教师是神女，阳光和白云为其缝霓裳……清清的蜡油是教师的青春，细细的灯芯是教师的胸襟，把一切无私地化作光明，不留下半丝光和热温暖自己的心。

47. 对话的艺术

1928 年 2 月，由于叛徒告密，年仅 28 岁的共产党员夏明翰不幸被捕，敌人用尽种种酷刑，都不能使他屈服。国民党反动派对他进行了最后一次审讯。

“你姓什么？”

“姓冬。”

“胡说，你明明姓夏，为什么乱讲？”

“我是按照你们国民党的逻辑在跟你们讲话。你们都是这样：把白说成黑，把天说成地，把杀人说成慈悲，把卖国说成爱国。我姓夏，就应该说成‘冬’！”

“多少岁？”

“我是共产党员，共产党万万岁。”

“籍贯？”

“革命者四海为家，我们的籍贯是全世界。”

“宗教信仰？”

“我们共产党人不信神，不信鬼。”

“那么你没有信仰？”

“有信仰。我信仰马克思主义。”

“你究竟知道不知道你们的人？”

“知道。”

“在哪里？”

“都在我心里。”

48. 谌容访美

《人到中年》的作者谌容访问美国时到某大学讲演，热心的听众提出了许多问题，她都做了直率的答复。有人提问：“听说您至今还不是中国共产党党员，请问您个人对中国共产党的感情如何？”

谌容敏捷地回答道：“你的情报很准确，我确实还不是中国共产党党员。但我的丈夫是位老共产党员，而我同他共同生活了几十年尚无离婚的迹象，可见我同中国共产党的感情有多深。”

49. 新式武器“矛头针”

有个人读书老是把词语读割裂，一次他把“敌人把矛头针对我国”读成“敌人把矛头针，对我国”，有人问：“矛头针，是什么东西？”他胸有成竹地说：“矛头针嘛，据说，是一种非常厉害的新式武器。”那么，这种非常厉害的新式武器放在哪儿呢？放在“锋芒所”里吧，好事者故意把“锋芒所向”一词弄割裂，延续了这个笑话。

又一次，他把“海南岛”读成“海南鸟”，别人故意问：“海南鸟是什么？”他振振有词地说：“海南鸟，是一种非常漂亮的海鸟，红头绿尾巴，一拍呱呱乱叫。”

还有一次，有人问他：“莫斯科在哪里？”他说：“莫斯科是个小老头，留着价价儿胡。”弄得大家莫名其妙。

有一次他正在看报纸，突然一拍大腿站起来，发怒了：“这个莫三鼻，真是个坏家伙，专给妇女斗争，还有脸说取得了胜利？”别人拿过报纸一看，原来是篇报道，文中说：“莫三鼻给（一个国家名）妇女斗争取得了胜利。”

50. 去除口语杂音

“但是”会传达给对方“否定”的意思，“可是”会让对方觉得，你仍在坚持自己的看法，是自我意识强悍的表现。“你懂我的意思吗？”“你清楚吗？”“基本上……”“老实说……”这种词并不招人喜欢。每句话都加上“啊”“就是说啊”“当然啦”在比较正式的场合，会显得不够庄重、稳重，去除话语中的“杂音”和口头禅非常重要。

51. 某生造句

①先……再……先生，再见。

批语：想象力超过了地球人的智慧。

②你看……你看什么看，没看过啊？

批语：没看过。

③陆陆续续……下班了，爸爸陆陆续续地回家了。

批语：你有几个爸爸？

52. 数词“0”的内涵

“0”并非一无所有，正如恩格斯所说：“零比任何一个数的内涵都丰富。”

“0”诞生于印度，成长于阿拉伯，足迹遍布全世界。

“0”开始的含义是表示“没有”，随着数学的发展，它的含义更多了。

“0”度是区别于零上温度和零下温度的一个标志性温度。

“0”既是正数和负数的“分水岭”，又是冰和水的“界碑”。

“0”可占数位。在计数时，当一个数的某位上一个单位也没有时，就要用零来占这个空位。

“0”又表示精确度，如：12.0 和 12.00 的精确度是不同的。

“0”又具有特殊的性质和运算规律，它的相反数、绝对值以及零除以任何一个不等于零的数或乘某数都为“0”。只有 0 没有倒数。

“0”的极限、导数、积分仍是 0。

由此可见，“0”的内涵极其丰富。

53. 名人墓地台阶的数词

坐落在南京东郊紫金山南麓的孙中山先生的陵墓，傍山而筑，气势恢宏。拾级而上，共有花岗岩台阶 312 级，寓意孙中山先生的逝世日期是 3 月 12 日。

南京市南郊牛首山麓的著名航海家郑和墓前有石砌台阶 28 级，象征他曾于 1405 年至 1433 年远航前后历时 28 年；28 级台阶又分为 4 段，每段 7 级，表示他曾 7 下西洋。

在福州市南郊的闽江畔枕峰山麓，安葬着我国早期杰出的工运领袖林祥谦烈士。他的墓前设计了 27 级台阶，象征他于 1923 年 2 月 7 日在武汉发动京汉铁路工人大罢工时，被军阀吴佩孚枪杀，造成震惊中外的“二七惨案”的日子。

人民音乐家聂耳于 1935 年 7 月 17 日在日本海滨游泳时溺水逝世，年仅 24 岁，他的骨灰于 1938 年被安葬在昆明市西山。聂耳墓是一座令人遐想的墓地，墓的形状像一把提琴，7 个花圃象征 7 个音符，墓前台阶 24 级，象征聂耳 24 岁的短促一生。

54. 内涵丰富的“九”

从数学的角度来看，“九”是一个极为普通的数字。然而从中国文化学和民俗学的角度来看，“九”的意义却非常丰富和复杂。

“九”是个位数中最大的数，因此它在中国传统文化中的基本意义是表示“多”和“全”。如中国过去行政区划分上有“九州”，地区级别上有“九服”，宗教祭祀上有“九庙”，官位等级上有“九品”，姻亲家族上有“九族”，学术流派上有“九流”，成语、俗语中有“九死一生”“九牛一毛”“三揖九叩”等。又因“九”是最大的数，于是就有了“极”的义项，“九霄”“九泉”“九垓”之类词语便是这一义项的产物。

“九”在中国阴阳学说中，是一个代表“阳”的数（阴阳学视奇数为阳，偶数为阴）。九月九日，月、日都逢九，故称“重阳”。九既为阳数，又引出了象征“天”和“帝”的意义。中国古代经常用“九”来暗指“天”，甚至把天的生日也定为九日，《清嘉录》云：“俗以七日为人日，八日为谷日，九日为天日。”过去每逢正月初九，中国民间都要设道场斋天，庆祝皇天生日。皇帝称作“九五之尊”，出于《易经》“乾”卦：“九五，飞龙在天，利见大人。”飞龙者，皇帝也，于是“九”便成了帝王专用数字，甚至连宫廷中的器物和建筑也被称为“九龙杯”“九龙柱”“九龙壁”“九桃壶”等。

由于“阳”“天”“帝”这些概念在中国人心目中有着崇高的地位，于是“九”成了“吉数”，凡事都要凑个“九”字。相传元太祖成吉思汗出生时，摇篮是用九个柳环编成的，里面放着九张羊羔皮。成吉思汗即位时，庆祝了九天，喝了九百缸马奶子酒，行了九叩礼，升了九足白旄旗。

“九”还有神奇善变的意思。《说文解字》云：“九：阳之变也，象其屈曲究尽之形。”中国古书上经常出现许多带有“九”字的奇异动物，如吃人的九尾狐，滴血的九头鸟，凶猛的九头龙，人面兽身的九凤、九婴，行动诡秘的九头蛇、九尾龟等。“九”字的丰富文化内涵后来还扩展到了与“九”有关的其他数字，特别是“九”的倍数，如十八般武艺、三十六罗汉、七十二变化、八十一难、一百零八将等。中国文化，“九”字无处不在。

55. 名人智答

抗日战争胜利后，周恩来代表中共中央前往南京与国民党谈判。蒋介石一心要打内战，经常蓄意破坏会场气氛。一次，蒋方一个代表公然挑衅，说与我方谈判简直是“对牛弹琴”。周恩来听了勃然大怒，但当着那么多中外记者的面又不便发作，于是便灵机一动，将这则成语稍作改动，予以回击：“对，牛弹琴。”蒋方代表听了无言以对，而中外记者却哄堂大笑。第二天，许多报纸竞相报道这一“花絮”，弄得蒋方十分狼狈。

56. “航天”一词的创造者

据科普作家叶永烈回忆，“航天”一词是由钱学森创造的。人造卫星、宇宙飞船在地球附近或太阳系空间飞行，该怎么指称呢？钱老首先从毛泽东的诗词“巡天遥看一千河”受到启发，后又参考“航海”“航空”的构词形式，终于类推出了“航天”一词。现在，航天飞机、航天站、航天员、航天器等，已构成一个航天词族。钱老还提出把行星之间以至恒星之间的飞行称为“航宇”。

57. “神舟”名字的由来

将航天飞船取名为“神舟”是一件很慎重的事。

据中国航天科技集团公司透露，我国载人航天工程肇始于1990年。当年给飞船命名，有关部门曾提出过好几个方案，在集团公司、中科院、中国人民解放军总装备部等单位反复征求意见，最后选定了“神舟”二字。

为什么选择这一名称呢？主要有两点考虑：一是“船”在汉语里又称“舟”，用“神舟”来命名遨游神秘太空的宇宙飞船，既形象又贴切；二是“神舟”谐音“神州大地”的“神州”，一语双关，寓意中国的腾飞。

1993 年，江泽民得知载人航天工程前期准备工作连获喜讯时，十分欣慰地为第一艘试验飞船题名“神舟”。

“神舟”记录着中国载人航天事业的发展，“神舟”是中华民族的骄傲，我们应该记住这个名字。

58. 成语之最

①最短的季节—— 一日三秋

②最长的腿—— 一步登天

③最吝啬的人—— 一毛不拔

④最快的流水—— 一泻千里

⑤最大的地—— 一望无垠

⑥最大的巴掌—— 一手遮天

⑦最贵的话—— 一语千金

⑧最快的话—— 一言既出，驷马难追

⑨最重的话—— 一言九鼎

⑩最重的头发—— 一发千钧

⑪最长的棍子—— 一柱擎天

⑫最高的瀑布—— 一落千丈

⑬最好当的先生—— 一字之师

⑭最远的分离——天壤之别

⑮最彻底的美容——面目全非

⑯最长的一天——度日如年

⑰最小的邮筒——难以置信
⑱最长的句子——文不加点
⑲最大的被子——铺天盖地
⑳最大的影集——包罗万象
㉑最反常的气候——晴天霹雳
㉒最大的手术——脱胎换骨
㉓最怪的动物——虎头蛇尾
㉔最难做的饭——无米之炊
㉕最小的针——无孔不入
㉖最费时的工程——百年树人
㉗最大的家——四海为家
㉘最宽阔的胸怀——虚怀若谷
㉙最厉害的贼——偷天换日
㉚最艰难的争辩——理屈词穷

59. 考考你

“钱是没有问题”这六个字可以组成不同意思的句子，请你试试能组几个。

答案：①钱是没有问题。②问题是没有钱。③有钱是没问题。④没有钱是问题。⑤钱没有是问题。⑥钱有没是问题。⑦是有钱没问题。⑧是没钱有问题。⑨是钱没有问题。⑩有问题是没钱。⑪没问题是有钱。⑫没钱是有问题。

60. 豆腐

顾客：“豆腐多少钱？”
老板：“两块。”
顾客：“两块一块啊？”

老板："一块。"

顾客："一块两块啊？"

老板："两块。"

顾客："到底是两块一块还是一块两块？"

老板："是两块一块。"

顾客："那就是五毛一块呗。"

老板："去你的，不卖给你了，把我整糊涂了！"

61. 下面每组句子意思相同吗？请你辨析

①要你管。——不要你管。

②了得。——了不得。

③掉地上。——掉地下。

④气死他。——气不死他。

⑤烟头。——烟屁股。

⑥我可想死你了。——你可想死我了。

⑦完败。——完胜。

⑧你怕是个傻子吧！——你怕不是个傻子吧！

第五章 修辞

1. 比喻歌诀

学习比喻要记住，两个三和一个五。
本体喻体相似点，三个要素须齐全。
比喻一家三兄弟，明喻暗喻和借喻。
明喻格式甲像乙，比喻词儿句中立。
暗喻通常有五类，判断附加和同位。
还有并列与注释，特点不用比喻词。
借喻两体关系密，即把喻体代本体。

2. 对偶对比区别歌诀

对偶对称，结构一样，
词性相同，字数相等，
语势一致，节奏铿锵。
对比对照，分清是非；
两面并举，内容各异。
注意区别，一表一里。

3. 借喻借代区别歌诀

（1）

借代像借喻，统统略本体。
借代非借喻，以此来代彼。
借喻非借代，以此来喻彼。

富有形象性，特征更鲜明。

（2）

借喻借代相同点，都是本体不出现。
借喻借代不同处，阅读揣摩细分辨。
喻体本体必相似，借体本体仅相关。
借喻能够改明喻，借代改喻无法办。

4. 夸张歌诀

“言过其实”叫夸张，表达感情有力量。
形象突出更强调，感染力量大加强。
真实生活作基础，“夸而有节”才恰当。
强调特征应夸大，故意缩小也夸张。

5. 排比歌诀

排比连成串，语言多一致；
结构可相近，意义相近似。
排比可说理，论述详尽细；
排比可抒情，激扬人情绪；
排比可记叙，增强语气势。

6. 设问反问歌诀

自问自答是设问，问而不答是反问。
设问引起人注意，令人读后深深思；
反问句中答案存，发人深省增语气。

7. 修辞手法辨别歌诀

修辞特征要牢记，辨别辞格容易对。

比喻重在相似点，起码三组才排比。
对比内容可正反，对偶形式最整齐。
反反复复同词句，反意正说明真义。
自问自答来设问，反问不答强语气。
相关借代不能喻，引用原话须确切。
动作情感人格化，夸张言过又其实。

8. 书的比喻

书是阶梯——高尔基说：“书是人类进步的阶梯。”

书是良药——刘向说：“书犹良药也，善读之可以医愚。”

书是源泉——高尔基说：“爱护书吧，它是知识的源泉。”

书是船只——凯勒说：“一本书像一艘船，带领着我们从狭隘的地方，驶向生活的无限广阔的海洋。”

书是顾问——凯勃司说：“书是随时在你近旁的顾问，随时都可供给你所需要的知识，而且可以按照你的心意，重复这个顾问的次数。”

书是面包——高尔基说：“我扑在书上，就像饥饿的人扑在面包上。”

书是奇迹——高尔基说：“书，要算人类在走向未来幸福富强的道路上所创造的一切奇迹中最复杂最伟大的奇迹。”

书是社会——皮罗果夫说：“一本好书就是一个好的社会，它能够陶冶人的感情与气质，使人高尚。”

书是营养品——莎士比亚说：“书是全世界的营养品。”

书是遗训、忠告和命令——赫尔岑说：“书——这是一代对另一代精神上的遗训，这是行将就木的老人对刚刚开始生活的年轻人的忠告，这是行将去休息的站岗人对走来接他的岗位的站岗人的命令。”

书是窗户——读了一本书，就像对生活打开了一扇窗户。

书是阳光、鸟翅膀——莎士比亚说："生活里没书籍，就好像没有阳光，智慧里没有书籍，就好像鸟儿没有翅膀。"

9. 马克思注重修辞

威廉·李扑克内西在《忆马克思》中写道："马克思是一个严格的修辞家，他常常花很多时间力求找到最需要的字句。他憎恨用外国字。……尽管他一生有三分之二的时间是在外国度过，但我们在马克思的著作中却发现了许多独创的真正的德国文字的用辞造句啊！他对德文有很大的贡献，而且是德国韵文的最卓越的大师与创造者之一。"

10. 双关对联

清朝时，司农官翁同龢想讽刺当朝宰相李鸿章搜刮民财的可耻行为，写了一个上联，让他对下联，联曰："宰相合肥天下瘦。"

李鸿章看到后，当即写了下联反唇相讥："司农常熟世间荒。"

据说，李鸿章是安徽合肥人，翁同龢是常熟人。这里的合肥和常熟都是双关语："合肥"表面是说李鸿章的家乡，意却在讽刺他搜刮民财的本性；"常熟"一词，说的是翁同龢的故乡，而意也在于讽喻他贪得无厌的剥削行为。

因此，恰当地运用双关的修辞手法，可以使语言幽默含蓄，富有趣味，给人以思索的余地。

11. 夸张勿过分

清人陆以湉的《冷庐杂识》中有一则《形容失实》：

"《史记》有形容失实之语，如《史记·蔺相如传》记相如持璧却立依柱，则曰：'怒发上冲冠。'《史记·赵奢传》记秦军鼓噪，勒兵武安，则曰：‘屋瓦尽振。’《史记·项羽本纪》记羽与秦军战，则曰：‘楚兵呼声动地。’皆描摹传神之笔，事虽虚而不觉虚，弥觉其妙，——此龙门笔法所以独有千古也。《晋书·王逊传》袭其语而增一句曰：‘怒发冲冠，冠为之裂’，则近乎拙矣！”

为了强调事物的某一特征，使人获得鲜明、深刻的印象，故意对事物作必要的夸大或缩小，在修辞手法上叫夸张。如“怒发上冲冠”“屋瓦尽振”“楚兵呼声动地”都是夸张，恰当的夸张是传神之笔，任意的夸张却只能成为笑话。

鲁迅先生曾说过：“漫画虽有夸张，却还是要诚实。”又说：“‘燕山雪花大如席’是夸张，但燕山究竟有雪花，就含有点诚实在里面，使我们立刻知道燕山原来有这么冷。如果说‘广州雪花大如席’，那可就变成笑话了。”

可见，夸张是为了更深刻地反映客观实际，而不能脱离事物的基本特点。

12. 惠施说弹弓

战国时有个叫惠施的人，他善于用比喻来说明事理。当时有人对梁王说：“惠施说的话多用比喻，假如不准他用比喻，他就无法将意思说清楚了。”梁王说：“好！”第二天，梁王召来惠施，说道：“请先生直截了当地说明事理，不要用比喻。”惠施却又用了比喻，说：“假使现在有一个不知道‘弹’的人来问你：‘弹的样子如何？’要是你回答他：‘弹的样子像弹一样。’人家能懂吗？”梁王说：“不懂。”惠施换了个说法，说：“如果告诉他弹的样子和弓一样，只是以竹为弦。这样能懂吗？”梁王说：“能懂。”于是惠施说：“善于说明或描写事物的人往往以人家所熟悉的事物作比来说明人家所不知道的事物，你说不用比喻怎么行呢？”梁王只好点头赞成。

从这个故事中我们可以知道，运用比喻不但可以节约词句，避免啰唆，而且可以帮助人家理解和想象。陌生事物、抽象深奥的道理要说得对方能听懂，如果能有一个恰当的比喻，就很容易做到，如上文惠施用弓比弹一样，惠施为了说明比喻的重要性和作用，用说“弹”这个具体的、浅近的道理来说服梁王，使梁王同意他用比喻手法来说话。

13.“白雪纷纷何所似”

东晋丞相谢安喜爱文学，善于清谈。一天，窗外纷纷扬扬地下着大雪，谢安与侄儿侄女一道欣赏雪景，不由得诗兴大发，他想考一考侄辈的诗才，便指着窗外的大雪笑问：“白雪纷纷何所似？”

侄儿谢朗略一凝思，脱口而出：“撒盐空中差可拟。”

谢安听了摇摇头说：“不好，谁有那么大的力气把盐撒得满天都是？盐撒在空中，很快就要落下来。用盐作比喻，不能准确地表现大雪飞舞的动态。”

侄女谢道韫见谢朗被难住了，才从容不迫地说：“未若柳絮因风起。”

谢安听了，拍手大笑：“好！好！风吹柳絮上云霄，正像雪花漫天飞舞，絮白似雪，雪轻如絮，这个比喻真是又形象又贴切。”

比喻精当，能使诗文生色。但只有平时注意观察事物，才能准确地抓住事物的特点，作出贴切的比喻。

14.“落地”和“落第”

古时候，有个读书人带着仆人上京赶考。路上，他的帽子被风吹落在地上，仆人对他说：“相公，帽子落地了。”书生听了很不高兴，叮嘱仆人说：“以后东西掉在地上，不许说‘落地’，要说‘及第’。”仆人依从了，挑起行李，准备上路，书生又关照：“要小心地挑。”仆人说：“相公，放心，无论如何也不会及第的。”

这个故事讽刺了封建文人遣词造句的忌讳风气，同时又说明了双关这种修辞手法的作用。“地”和“第”是两个读音相同而意义不同的词。仆人说“帽子落地”，那位忌讳的相公却认为是“落第”。这种利用词语音同或音近的关系构成双关意义的修辞手法，称为“谐音双关”，它是双关的一种形式。

15.“三味书屋”的比喻

“三味书屋”在浙江省绍兴市鲁迅家附近，鲁迅从12岁到17岁在这里读书，并写下了《从百草园到三味书屋》这篇著名散文。

那么，为什么叫“三味书屋”呢？

《增广诗句题解汇编》卷四，李淑《邯郸书目》中说：诗书，味之太羹；史为折俎；子为醯（xī）醢（hǎi）；是为三味。

这就是书“三味”的出处。上文中，太羹指肉汤汁；体解节折，升之于俎，就是切肉；醯是醋，醢是肉酱。书具备各种滋味，读书好比品尝美好的汤，切碎的肉，加上各种作料。

“三味书屋”的名字即来源于此。

16. 刘向的比喻

西汉经学家刘向说：“少而好学，如日出之阳；壮而好学，如日中之光；老而好学，如秉烛之明。”日本学者佐藤一斋对这段话又有新的理解和发展，他说：“少小而学，及壮有为；壮年而学，及老不衰；老年而学，及死不朽。”

17. 美国教育家的比喻

美国教育家贝特西·罗杰斯说：“孩子就像玫瑰花蕾，有不同的花期。最晚开的花与最早开的花一样美丽。”

18. 时间的比喻

△时间是金——一寸光阴一寸金，寸金难买寸光阴。（谚语）

△时间是生命——生命是以时间为单位的，浪费别人的时间等于谋财害命，浪费自己的时间等于慢性自杀。（鲁迅）

△时间是财富——时间对于我来说，是很宝贵的，用经济学的眼光看是一种财富。（鲁迅）

△时间是奇迹——伟大的成绩和辛勤的劳动是成正比的，有一份劳动就有一份收获，日积月累，从少到多，奇迹就可以创造出来。（鲁迅）

△时间是构成生命的材料——你热爱生命吗？那么别浪费时间，因为时间是构成生命的材料。（富兰克林）

△时间是批评家——在所有的批评家中，最伟大、最公正、最天才的是时间。（别林斯基）

△时间是尺度——我们知道，时间有虚实和长短，全看人们赋予它的内容怎样。（马尔克夏）

△时间是不留情的——放弃时间的人，时间也会放弃他。（莎士比亚）

19. 包公额上月牙的比喻义

在电视剧中、戏曲舞台上，宋朝大清官包拯印堂部位都有一个白色的“月牙”，这“月牙”有什么含义呢？据说，这个具有神秘色彩的“月牙”比喻包青天可以“日断阳，夜断阴”，即白天他能审理人世间的冤案，夜晚他可以凭这个“月牙”判断地狱中的不平。“月牙”寓意明察一切，黑脸表示铁面无私，它们是包拯性格的集中反映。

传说包拯少时面黑人丑，家道贫困。在为人放牧时，被恶霸坐骑踢伤额部,愈合后留下浅色疤痕。后来,他考中进士,走入仕途。由于包拯为官清正,得罪了不少贪官污吏,他们找不到包拯的把柄,竟对包拯额上的伤疤做起文章来，联名上书皇帝，言包拯伤疤是虎口恶相，对皇家不利。皇帝便招包拯入朝检验，发现他额上的白疤，并非虎口形状，倒是很像在黑暗的夜空里悬挂的一弯新月，这才未加追究。

后来，人们为了塑造清官形象，便在包拯的铁面上添了一个白色月牙，进而又染上神秘色彩。

20. 绝妙的比喻

河南作家于天命在鲁山某中学讲学时，讲到传统文化时有一绝妙比喻：你乘车遇到小偷行窃，教育他，是儒家；揍他或揪住他去派出所，则为法家；佯装不知道，是道家；忍让宽容，则为墨家；不为所动，是佛家。

21. 郭沫若的修辞手法

1936 年 10 月 19 日鲁迅先生病逝于上海，郭沫若运用反复的修辞手法写了两副挽联，其一是：

孔子之前，无数孔子，孔子之后，一无孔子；

鲁迅之前，一无鲁迅，鲁迅之后，无数鲁迅。

郭沫若将鲁迅先生和孔子并举对比，含义深刻。上联谓孔子绝后不空前，下联说鲁迅空前不绝后。正如鲁迅先生说的：“孔夫子之在中国，是权势者们捧起来的，是那些权势者或想做权势者们的圣人，和一般的民众并无什么关系。”（《在现代中国的孔夫子》）孔子本是春秋时的一位平凡的教书匠（诚然有其伟大之处），却被后来的权势者抬上了神坛，祭为儒教鼻祖。这是上联旨意。下联说鲁迅空前伟大，其思想为众人接受传播，无数个“鲁迅”正在中华大地崛起，高举鲁迅大旗，继承鲁迅事业，将革命推向高潮。这是对亡故的鲁迅先生最好的哀悼与纪念。此联采用反复的修辞手法，表现出强烈的思想感情。重言叠唱，反复咏叹，对比鲜明。

22. 巴金的自喻

文坛泰斗巴金把自己比作“木柴”。他说：“我不配做一盏明灯，那么让我来做一块木柴，燃烧自己，为人们放出光明。”诚哉斯言！在漫长的人生旅途中，巴老不停地熊熊燃烧，默默地为读者、为人民、为祖国放出光明，奉献爱心。这是一块何等平凡、何等伟大的木柴！

第六章 逻辑

1. 学点逻辑

说话写作想问题，少出偏差学逻辑。

基本思维三形式，概念判断和推理。

概念定义须准确，判断推理有规律。

注意研究时时用，看似难学实容易。

2. 毛泽东论逻辑

一次，毛泽东和苏联哲学家尤金坐在飞机上。毛泽东问尤金：“你说说，方才我们在机场上，现在上了天，再过一会儿又要落地，这在哲学上该怎么解释？”

尤金一个劲儿眨眼，作难地说道：“哎呀，这个，我可没有研究过。”

“考住了！”毛泽东将下唇吸入嘴里轻吮一下，笑道，“我来答答试试看，请你鉴定鉴定。飞机停在机场上是一个肯定，飞上天空，是个否定，再降落是个否定之否定……”

“妙，妙！”尤金抚掌喝彩，“完全可以这样说明。”

3. 阿凡提故意错用概念

阿凡提当理发师，有位财主经常理发不给钱。一次这位财主又来到理发店，阿凡提像往常一样热情接待，理好发后，开始刮脸，问财主：“要不要眉毛？”财主说：“要。”阿凡提轻轻地刮掉财主的眉毛，放到他手里。财主一看，气得跳起来，和阿凡提讲理，阿凡提慢条斯理地说："不要急躁嘛，你说要，我不刮给你了吗？"财主无话可说。

过了一会儿，阿凡提又问："胡子要不要？"财主刚才吃了亏，学聪明了，生气地说："不要！"阿凡提快速地刷刷几剃刀，把财主长长的卷曲胡子刮掉扔到地上。财主觉得不对劲，赶紧站起来去照镜子，又大发脾气，和阿凡提讲理。阿凡提说："你说不要，我就给你刮掉扔了。"财主气得半天说不出话来。

阿凡提利用"要"的概念不明确，惩治了财主，确实大快人心。这里存在两个问题："要"是否要到手里？"不要"是否刮了扔掉？所以，概念明确是表达思想的前提。

4. 齐桓公"谦虚"误女身

齐桓公有两个女儿，长得都非常漂亮。可是他很"谦虚"，每当别人给他女儿提婚时，他总是说自己的女儿都太丑了。因此，两个女儿都长得很大了，还没有嫁出去，姊妹俩为自己的婚事也不知掉了多少泪。

又过了好长时间，魏国一位又老又丑的人，一心要娶位丑女当老婆，齐桓公因为女儿早已过了结婚年龄，也就答应把大女儿嫁给他。魏国老者把新娘接到家一看，漂亮非凡，惊动乡邻，于是，向齐桓公二女儿求婚者蜂拥而至。

因齐桓公不明白"谦虚"的概念，所以耽误了两个女儿的青春年华。

5. 给"人"下定义

古希腊一位哲学家在讲演时给"人"下了个定义：直立行走，没有羽毛的动物。

时隔不久，他的一位学生拿着一只拔掉羽毛的鸡，送到他面前，问他："这是人吗？"弄得哲学家哭笑不得。

这位哲学家犯的错误就是定义过宽。

6. 聪明少女出难题

春秋时吴国有一位姓张的少女，很有才华，家庭殷实。一次在家门口贴一谜语，承诺谁猜到就可以到她家当食客：老不老，小不小，丑不丑，好不好。

后来，一位名叫王伯功的猜到了，他说："姜太公 80 岁辅佐文王，老不老；甘罗 12 岁做宰相，小不小；你家中的美食关上门自己吞，丑不丑？开开门让大家都来吃，好不好？"

聪明的王伯功利用矛盾律避免矛盾，符合逻辑，后面又用疑问句式，把谜底说得清清楚楚。

7. 荷马的推理

荷马是古希腊著名诗人，《荷马史诗》是他根据古希腊流传民间的口头文学综合编辑而成的。

据说，荷马原来是奴隶。一次，奴隶主出巡，好多东西都让奴隶挑着，许多奴隶都争着抢轻的担子。可是，荷马却挑了一副很沉重的盛放食品的担子，好多天后，其他奴隶的担子依然很重，而荷马的食品担子却空了。奴隶主发现了荷马的聪明才智，就不让他继续当奴隶了，让他进入宫中编修史诗。

在逻辑上，荷马有两个判断：其他担子依然如故，食品担子越来越轻。

8. 林肯推理一举成名

林肯原是律师。一次，他得知朋友之子小王四太郎被控告为谋财害命罪，他寻得全部案卷，发现一个叫佛尔逊的证人证明：

在某月某日夜间十一点一刻，他在月光下看到小王四太郎谋财害命。因为月光照在小王四太郎的脸上，他看得清清楚楚。

林肯要求重新审理。法庭上，林肯慷慨陈词：“证人佛尔逊是彻头彻尾的胡说八道。只有在月光照耀下你才能看清被告小王四太郎的脸，而你证词的这一天夜间十一点一刻，上弦月早已下山，根本不可能有月光，你的证词是虚假的，是站不住脚的。”后来法庭重新审理，宣告小王四太郎无罪。

林肯因为此次辩护而誉满全国，后来当选为美国总统。

9. 乌鸦喝水

小学教材中有篇课文：《乌鸦喝水》。乌鸦的推理是纯假言推理：口渴，无水。瓶里有水，喝不到。如果放石子，水则上升；水上升，则能喝到。所以乌鸦往瓶里放石子，就喝到了水。

10. 寄寒衣

元代诗人姚燧有这样几句诗：“欲寄君衣君不还，不寄君衣君又寒。寄与不寄间，妾身千万难。”

这是一个二难推理，反映了古代女子对丈夫深深的思念之情。

11. 两个徒弟剥花生

从前，有一位师傅考查两个徒弟哪个聪明。他交给两个徒弟每人一大簸箩花生，说：“谁先剥好，谁就来见我，并说说每个花生是否都有红皮。”大徒弟回家一直剥到天亮，累得浑身是汗。二徒弟回家后想了一下，就挑几个大的，又挑几个小的，挑了几个饱的，又挑几个瘪的，很短时间就剥好了，去见师傅，师傅很高兴。

大徒弟用的是完全归纳法，二徒弟用的是科学归纳法。

12. 白求恩的推理

加拿大共产党人白求恩，不远万里来到中国，帮助中国人民抗战。他常常亲临前线，抢救伤员。一次有两位伤员伤势相同：步枪子弹穿肠进入腹内，方向位置都相同，动脉血管受伤，腹内大量积血。两位都被送进“战地医院”一座破庙内。白求恩大夫用蜡烛、手电筒照着给伤员做手术，一人受伤后 8 小时动手术未牺牲，另一人受伤后 18 小时才动手术，结果牺牲了。

白求恩大夫事后认真总结：时间啊，你就是战士们的生命啊！……

白求恩大夫推理的逻辑特征是同中求异。用差异法：伤势、动手术、手术情况都相同，只有时间有差别，这就是生死之别的原因。

13. 上课头疼

一位学生一上课就头疼，一下课就好了。老查不明原因。有人就认为，头疼的原因在上课。最后才发现是这位学生戴了不合适的眼镜造成的。

这个推理就是误用了求异法。

14. 聪明的爱迪生

爱迪生从小就爱动脑筋。他六七岁时，看见母鸡在孵小鸡，他也弄了个鸡蛋，学着母鸡的样子“孵小鸡”。该吃饭了，母亲急得到处找他。好不容易找到了，他示意母亲：“嘘！安静，我正在孵小鸡呢。”

其实，爱迪生在类比推理时犯了错误：人孵小鸡是孵不出来的，人的体温是 37℃左右，而鸡的体温要比人高得多。

15. 王戎知李苦的奥秘

1000 多年前的魏晋时代，有个聪明的孩子叫王戎。王戎 7 岁那年的一天，和同伴去郊外游玩。看见路边有棵李树，果实累累，几乎压断树枝，其他孩子都争相采摘，只有王戎一动不动。别人问他为什么不去摘，他说："这些李子一定是苦的。"大家一吃，果然味苦难食。对此，大家都非常钦佩他。这就是我国千百年来流传的"路边李苦"的故事。

王戎没有吃李子，为什么知道李子是苦的呢？原来他进行了正确的推理。他是这样推理的：

大前提：如果李子是不苦的（前件），那么，过路行人早就将李子摘光了，李树不可能多果（后件）。

小前提：现在，李树多果。

结论：所以，李子一定是苦的。

这个推理形式，在逻辑学上叫作"充分条件假言推理否定式"。在此式中，小前提否定大前提的后件，结论否定大前提的前件。王戎的推理，完全符合"否定后件就能否定前件"的要求，是合逻辑的。孩子们经亲口品尝，也证实王戎的结论是正确的。

16. 驴子渡河

有一次，驴子驮盐渡河，不小心跌倒在水里，盐都溶化在水里了，它站起来后感到轻了许多，驴子十分高兴。后来，它驮了许多棉花渡河。走到河边的时候，它想如果跌倒在水里，同上次驮盐一样，背上的东西就会轻得多。于是，它就故意滑倒在水中。可是那些棉花吸足了水，将驴子压得再也站不起来，最后淹死在水里。

驴子思维方法的错误，是它淹死的原因。我们可以用逻辑知识分析一下。

驴子用的是归纳推理，是简单枚举法的归纳推理。它只是根据一次偶然失足，背的盐掉进水里溶化，减轻了重量，就轻易地认为所有的东西掉进水里都会减轻重量，这是犯了轻率概括的逻辑错误。由此可见，简单枚举的归纳推理，结论有或然性，即结论不一定可靠。犯了这样的错误，就会像驴子一样，要吃亏的。

17. 卜妻剪裤

《韩非子》中有这样一个故事：郑国有个姓卜的人，他的裤子破了，要他的妻子重做一条。他的妻子问他："做什么样的裤子？"姓卜的人回答说："像我原来的那条裤子一样。"他的妻子把新裤子做好以后，就对照原来的那条破裤子，凡是有破损的地方，也照样剪破，使它同原来的那条裤子一样。

卜妻为什么要剪破裤子？造成事故的原因是什么？应该怪谁？这些，我们可以从思维方法来说明。

这个故事说明事物的具体属性是多方面的，使用一个概念必须有明确的内涵和外延。裤子这个概念的内涵是：穿在腰部以下的衣服，有裤裆和两条裤腿。而姓卜的人说："像我原来的那条裤子一样。"这句话的内涵和外延就不是很清楚。原来的是一条破裤子，而要做的是一条新裤子。"破裤子"和"新裤子"是两个概念，它们的外延是互相排斥的，内涵也不完全相同。那么，从逻辑上来说，就不能怪其妻子将新裤子剪破。如果他说"做一条像我原来那条裤子长短大小一样的新裤子"，他的妻子就不会剪破新裤子了。

可见，明确概念的内涵和外延，对于正确表达思想是多么重要。

18. "这孩子将来是要死的"

什么是逻辑学上的排中律呢？请看鲁迅的《野草·立论》一文：

我梦见自己正在小学校的讲堂上预备作文，向老师请教立论方法。

“难！”老师从眼镜圈外斜射出眼光来，看着我说，“我告诉你一件事……

“一家人生了一个男孩，合家高兴透顶了。满月的时候抱出来给客人看，——大概自然是想得一点好兆头。

“一个说：‘这孩子将来要发财的。’他于是得到一番感谢。

“一个说：‘这孩子将来要做官的。’他于是收到几句恭维。

“一个说：‘这孩子将来是要死的。’他于是得到一顿大家合力的痛打。

“说要死的必然，说富贵的说谎。但说谎的得好报，说必然的遭打。你……”

“我愿意既不谎人，也不遭打。那么，老师，我得怎么说呢？”

“那么你得说：‘啊呀！这孩子呵！你瞧！多么……阿唷！哈哈！hehe!he，hehehehe!’”

鲁迅深刻地揭露了旧社会的黑暗，讽刺了当时社会上某些知识分子虚伪的处世态度和无是非的市侩哲学。“既不谎人，也不遭打”，这是违反排中律的。文中“不谎人”，就是“不说谎话”；“不遭打”就是“要说谎话”，这是互相矛盾的。对于两个互相矛盾的判断，应当肯定其中一个，否定其中另一个，而不能两个都否定。

由此可知，排中律就是排除“居中”即两个互相矛盾的判断，要作出“二者必居其一”的明确选择，对真与假，是与非，不能两者都否定。

19. 爷孙对话

在公共汽车上，一个四五岁的男孩儿指着北京饭店大楼对身旁的爷爷说：“真高，真漂亮！爷爷，咱们干吗不住到这里来？”

爷爷说："等你长大了好好念书，只有书念得好，才能住这样漂亮的高楼。"

"爷爷！你一定没好好念书。"小男孩儿说。

"哄"的一声，车上的人都笑了，老爷爷的脸唰地红到耳根。

这段话包含着一个必要条件假言推理。老爷爷的话，大前提错了，其结论也是错的。"只有书念得好，才能住这样漂亮的高楼。"小男孩儿接着推理爷爷没住上这样漂亮的高楼，所以爷爷没好好念书。

20. 吃饭不要钱

一家旅店为招徕顾客，在店门前挂一大牌子，上面写着：住本店吃饭不要钱。

一位出差办事的看到以后，以为这家旅店条件非常优惠，于是就在这家旅店住下了。他每天烤鸭、烧鸡、大鱼大肉，尽情享受，珍馐美味，生猛海鲜，都尝了个遍，一次光大对虾就吃了五大盘，还又要了一盘四喜丸子，——反正吃饭不要钱嘛！

办完事后，这位旅客就要走了，找老板结账，老板一算，钱数大得惊人，旅客惊问："怎么这么多钱？吃饭不是不要钱吗？"老板慢条斯理地说："好账算不赊嘛！这里有账单，请你看一下，你一共住了几天，房价不错吧！"旅客说："不错。"

"我们旅店住店吃饭不要钱，这是我们的承诺。但是，吃菜，我们还是要收点费用的。你六天十八顿饭，我们旅店分文没收，收的只是菜钱，这里有账单。"

那位旅客哑口无言。

21. 矛盾巧处理

据说，很久很久以前，王母娘娘看老天爷天天坐在神位上享受众人叩拜，面前还有各种鲜果、酒肉佳肴，非要替老天爷值一天班，过过官瘾。恰巧，有农民、行商、船夫、果园主四人同时请求老天爷保佑平安。农民因天旱祈求下场大雨；行商怕耽误行程祈求不要下雨；船夫为了行船快捷省力，祈求刮大风扬帆；果园主怕大风吹落果子祈求别刮大风。

王母娘娘听后皱起眉头，这些祈求互相矛盾，无法处理，急得抓耳挠腮，只得退下神位，请老天爷来处理。

老天爷登上神位，用四句话就处理了这件互相矛盾、看似无法处理的事："夜间下雨白天晴，压下尘土好步行。果树园里小风吹，顺着河边刮大风。"

22. 俗语中的矛盾律

俗话说："兔子不吃窝边草。"可是，俗话又说："近水楼台先得月。"

俗话说："宰相肚里能撑船。"可是，俗话又说："有仇不报非君子。"

俗话说："人不犯我，我不犯人。"可是，俗话又说："先下手为强，后下手遭殃。"

俗话说："男子汉大丈夫，宁死不屈。"可是，俗话又说："男子汉大丈夫，能屈能伸。"

俗话说："车到山前必有路。"可是，俗话又说："不撞南墙不回头。"

23. 聪明的老板

北京瑞蚨祥的老板非常聪明。在他十几岁时，曾遇到过一个难题。一个老人有三个儿子，临终前留下 17 个元宝，让三个儿子分。老人留下遗嘱：大儿子二分之一，二儿子三分之一，三儿子九分之一。不得砸烂。老人的三个儿子抓耳挠腮，无法分。

在无计可施之际，他们请瑞蚨祥的老板帮忙分一下。老板不动声色，从衣袋里掏出一个元宝，和那 17 个元宝一起分，老人的三个儿子见状，无论如何不同意，因为他们与老板平时没有任何往来，实在过意不去。

老板示意，无妨。就开始分元宝。

大儿子：（17+1）×1/2 = 9（个）

二儿子：（17+1）×1/3 = 6（个）

三儿子：（17+1）×1/9 = 2（个）

9+6+2=17（个）

最后剩一个，老板拿走。

从逻辑学的角度来说，老板用的是假言推理。

24. 相同概念，表达不同

乾隆五十大寿时，在乾清宫举行千叟宴。参加者有位 141 岁的老人。乾隆以其年齿为题出句云：花甲重开，外加三七岁月。纪晓岚对道：古稀双庆，又多一个春秋。

花甲，指 60 岁。重开，指两个花甲，120 岁。三七为 21 岁，上联加起来共 141 岁。古稀，指 70 岁。双庆，指两个古稀，140 岁，一个春秋，即 1 岁，下联加起来也是 141 岁。

由此可见，同一概念，可用不同的词语来表达。词语是概念的形式，概念是词语的思想内容，二者联系紧密，不可分割。

25. 老人过水沟

一位老人在去集市的路上遇到一条水沟，怎么也过不去。这时有一年轻人对他说："你一跳，不就过去了吗？"这个老人就双脚一跳，结果跳到了水里。年轻人又对老人说："你用单脚一跳，不就过去了吗？”老人说：“书上说的，双脚为跳，单脚为越。”

老人对“跳”的定义，机械地理解。因此，说话写文章，定义必须确切清楚，不能用含混的概念。同时，定义也有很大的局限性。

26. 巧嘴媒婆

从前，有位巧嘴媒婆，常常用双关语骗人。有一女孩儿年龄很大了，老嫁不出去，因为她是个豁子（即兔唇）。媒婆给男方介绍，说了那女孩儿的许多优点，最后强调：“这个女孩儿就是嘴不太好。”男方认为那女孩儿爱说别人的坏话，就说：“结婚以后，劝她认真改正，不就行了？”这桩婚事就成了。

有一个男孩儿没有鼻子，也老找不到对象。巧嘴媒婆对女方讲：“这男孩儿哪方面都好，就是眼下没有东西。”女方父母说：“这没问题，女儿出嫁时，我们多陪送点，不就行了？”

所以，一个词语可以表达不同的判断，这也是由于汉语的多义现象而引起的。

27. 偷换概念妙趣横生

一学校组织学生观看电影《园丁之歌》后，让学生写观后感。一学生写道：“看了电影《园丁之歌》之后，我深受感动。长大后我一定当好园丁，绿化祖国。”在此，从逻辑学的角度来说，该生混淆了“园丁”的概念。

在相声《歪批三国》中，问：周瑜他妈妈家姓啥？诸葛亮他妈妈家姓啥？对方答不出。自答：周瑜他妈妈家姓既，诸葛亮他妈妈家姓何。证据：《三国演义》某章某节说：既生瑜，何生亮。就是说，既氏老太太生了周瑜，何氏老太太生了诸葛亮。又问：张飞他妈妈家姓啥？对方又答不出。自答：姓吴。有成语为证——

无事生非嘛！就是说，姓吴的老太太生了张飞。又问：赵云原来是干什么的？答曰：卖年糕的。证据：一戏剧中姜维曾唱道：赵子龙老迈年高。就是说，赵云以前一直是卖年糕的。……

在此，作者恰到好处地运用逻辑学的“偷换概念”，用口头语言牵强附会，妙趣横生，产生很好的艺术效果。用相声术语说是“抖包袱”。

28. 孙悟空的二难推理

在《西游记》“三打白骨精”中，狡诈的白骨精想吃到唐僧肉，以村姑、老太太、老头等不同的形象出现。在第三次打白骨精的时候，聪明伶俐有七十二般变化的孙悟空作难了：如果打白骨精，则会被师父赶走；如果不打，则师父可能被白骨精吃掉。怎么办？急得猴子抓耳挠腮。

两害相权取其轻。孙悟空冒着被师父赶走的危险，坚决果断，打死了白骨精。

这就是逻辑学上的二难推理：大前提有两种可能，不论是肯定或否定哪一种可能，结果都会陷入进退维谷、左右为难的境地。

29. 安徒生的选言推理

安徒生是丹麦童话作家。有一次，他在坐公交车时，遇见一位非常标致的女子，他一见钟情。那女子下车了，他也跟着下了车，悄悄跟在那女子的后面。那女子到家了，掏出钥匙开门进了家，并随手把门关上。安徒生想上前敲门，思考再三，又觉得不合适，就退回来了。

有人问他，安徒生回答：“我要毕生创造童话，所以，我要放弃爱情。”

从逻辑学的角度来讲，安徒生作了一个选言推理，他以选言判断的形式做出抉择。这是一个不相容的选言推理的否定式：或者追求爱情，或者毕生创作童话。安徒生要毕生创作童话，所以，他放弃爱情。

30. 宋朝老人的推理

据说，在宋朝国都汴梁南郊有一对父子，儿子很不孝顺，从来不听父亲的话，叫他向东他偏朝西，叫他打狗他偏撵鸡，就是一点小事儿，他也与父亲对着干。父亲年迈，也拿他没办法。

多年以后，父亲病重，临死的时候，他归纳总结儿子与自己相处的情况，就告诉儿子："我死以后，你把我葬在水里吧。"他认为，儿子事事与自己作对，一定不会把自己葬在水里，而会把自己埋在土里，让自己入土为安（当时土葬盛行）。

老父死后，儿子对亲戚朋友说："父亲活着的时候，我从未听过父亲的话，老与他对着干。父亲临终这最后一次安排我的话，我一定得听。"结果，他找了好多人，挖了很深很深的坑，一直挖到泉水，把他父亲深深地埋葬了。

宋朝老人在逻辑上犯了什么错误呢？他在归纳推理时，犯了以偏概全的逻辑错误，结果使自己长眠于深深的地下，"永世不得翻身"。

31. 如何锁橱子

李一、李二、李三是孪生兄弟。他们各有一把锁用来锁一只三人合用的橱子，而各人只有开自己这把锁的钥匙。

有一次，爸爸对他们三人说："如果你们答应我一个条件，我明天就去买一个足球给你们。这个条件就是只有当三个人都在的时候，才能把足球拿去踢。你们能做到吗？"

兄弟三人听了高兴得跳了起来。李一说："爸爸，我们保证能做到。平时我们把足球放在橱子里，用锁锁好。我们只要采取一种锁法，就能保证做到你提出的条件。”

过了一年，三兄弟在课余时间养了三盒蚕（三人各有一盒）。平时他们就把养蚕的盒子放在橱子里锁好，并约定谁先回家谁就用自己的钥匙开锁，打开橱子门给蚕喂桑叶。

那么，在前一种情况下，应该如何锁橱子？从逻辑学的角度可用联言充分条件判断的原理来解决，即三人都在的时候。在后一种情况下，可用选言判断的原理来解决，只要有一人能打开即可。

32. 爱迪生与年轻人

一个年轻人想到大发明家爱迪生的实验室里去工作，爱迪生亲自接见了他。这个年轻人满怀信心地对爱迪生说：

“我有一个伟大的理想，那就是我想发明一种万能溶液，它可以溶解一切物品。”

爱迪生听罢，惊奇地问：

“什么？！那么你想用什么器皿来盛放这种万能溶液？它不是可以液解一切物品吗？”

年轻人被爱迪生问得哑口无言。为什么呢？因为他的话违反了矛盾律。

33. 无籽西瓜有无种子

无籽西瓜有无种子？一群人在议论。

甲说：“简直是无稽之谈，无籽西瓜怎么会有种子？认为无籽西瓜有种子，就是认为无籽西瓜有籽，这在逻辑上是自相矛盾的。”

乙说：“凡是植物都有种子，西瓜是植物，西瓜也肯定有种子；无籽西瓜是西瓜，所以无籽西瓜也有种子。这是逻辑推理的结论。但是，如甲所说，无籽西瓜有种子又逻辑不通，无籽西瓜一颗籽也没有，事实上是没有种子的。所以，逻辑和事实是两回事儿。”

丙说：“无籽西瓜当然有种子，这是不存在什么逻辑矛盾的。如果从无籽西瓜中直接取得种子当然不可能，但是可以通过别的途径取得无籽西瓜的种子。认为无籽西瓜没有种子，在逻辑上才是不可设想的。”

那么，他们三人谁说得对呢？丙说得对。因为甲乙两人的话都违反了排中律。

34. 毛泽东词的写作年月

1962 年，《人民文学》上发布了毛泽东同志的六首词，其中一首叫《减字木兰花》：漫天皆白，雪里行军情更迫。头上高山，风卷红旗过大关。此行何去？赣江风雪迷漫处。命令昨颁，十万工农下吉安。

当时，毛泽东同志在《题记》里只说“这六首词，是 1929 年—1931 年在马背上哼成的”，究竟《减字木兰花》这首词作于哪年哪月，没有说。

根据历史资料得知：红军攻打吉安是在 1930 年，共有 9 次。第一次在 2 月，第二次在 4 月上旬，第三次在 4 月下旬，第四次在 5 月，第五次在 6 月，第六、七次在 6、7 月间，第八次在 8 月下旬，第九次在 9、10 月间。

根据地理资料得知：吉安在江西省境内，属亚热带气候。

那么，毛泽东同志的这首词写作于哪年哪月呢？根据逻辑学中的肯定否定式推理，哪年？是 1930 年。哪月？用否定肯定式：2 月。理由：或者作于 2 月，或者作于 4 月，4—10 月不可能下雪，所以，应是 2 月。

35. 逻辑学家的推理

金岳霖是逻辑学家。他在十几岁时，曾经说过“金钱如粪土，朋友值千金”这句话。

后来，有人从逻辑学的角度分析，认为他这句话在逻辑上是站不住脚的。既然前提是“金钱如粪土”，根据逻辑推理，“千金”就是“金钱”，那么，得出来的结论只能是——朋友如粪土。

第七章 写作

1. 学写作文歌诀

（1）

作文并不难，生活是源泉。观察勤思考，留心最关键。
多读多积累，素材和语言。开心就多练，兴趣第一关。
观察百日功，文章一朝成。常说嘴不笨，常写手必顺。
文章要写好，腿脚要多跑。文章不怕改，就怕难割爱。
写作莫偷懒，勤写天天练。技法帮助你，会写美妙篇。
不怕根底浅，苦练能过关。锤炼成妙语，推敲成佳篇。
实话三两句，胜过千万言。百炼出好钢，千改出精篇。

（2）

话不在多而在精，文不在多而在新。
敲鼓妙在鼓声响，写作妙在心声真。
无情未必真豪杰，有情文章才绣锦。
恒心架起通天路，勤奋打开智慧门。

2. 观察方法歌诀

眼看耳听心要想，触觉嗅觉和味觉。
观察事物要连贯，生活细节细体验。
观察人物抓特点，神态动作和语言；
典型特征细心看，突出特点要记全。
观察景物要联想，静态动态细端详；
形态颜色和气味，联系生活多想象。

定点观察按空间，时间变化分阶段；
动点观察写游记，地点变化要牢记；
抓住特点和重点，景物特征记心间。
观察动物很容易，外形习性牢牢记。
观察植物方法多，生长过程分四季；
静态动态要联想，联系生活举事例。
观察建筑按远近，空间方位有条理；
外形结构与作用，分类观察均须记。
观察物品很特殊，形状结构和用途；
对照特点多联想，联系生活多想象。
眼睛有情笔生趣，拟人观察很容易。
万事万物皆有情，联想想象观具体。
观察不怕根底浅，窍门就是天天练；
恒心搭起通天路，勤奋攀登智慧山。
观察积累素材丰，“五觉”体验妙无穷；
学会观察写文章，妙笔生花笔生风。

3．写人作文歌诀

写人作文并不难，开头概括写特点。
对照特点找事例，具体描述一两件。
一个特点多件事，巧妙构思出特点。
结尾抒情或总结，呼应开头称佳篇。
叙事写人分三段，重在突出人特点。
描写人物抓外貌，突出一点特征显。
人物语言要逼真，动作描写要周全。
心理活动细腻写，真实感人是妙篇。
总分写人抓特点，首尾照应成一篇。

对比写人方法巧，选择事例很重要。
并列写人容易学，分写事例特点多。
外号写人最有趣，对照外号选事例。
写己要写真情感，喜怒哀乐在心间。
写人多写新鲜事，新人新事最有趣。
“张冠李戴”会构思，描写人物最实用。
引用诗句赞美人，锦上添花能出神。

4．叙事作文歌诀

叙事作文是基础，三段写法要牢记。
叙述方式有三种，顺叙倒叙和插叙。
顺叙记事容易学，起因经过和结果。
开头交代三要素，时间地点和人物。
事件起因点明白，经过具体写出来。
结尾交代事结束，首尾内容要略写。
倒叙方法变化多，结果提前是妙着。
开头回忆多变化，结尾照应好处多。
中间具体叙述事，细节描写要有趣。
过渡照应衔接紧，线索清楚最要紧。
选材要选新鲜事，话语实在感情真；
话不在多而在精，事不在多而在新。
一篇文章一主题，串串事例不离题；
层次分明条理清，详写略写心里明。

5．写景作文歌诀

写景作文最有趣，借景抒情用比喻。
写景不同特点异，抓住特点要牢记。

时间变化纵向思，地点变化横向联。
景中有人景有趣，景中有情文章鲜。
总分写景最常见，描写景物抓特点。
四季变化最常用，春夏秋冬是重点。
定点写景有顺序，时间变化分层点；
静态动态对比写，颜色形状联想变。
动点写景是参观，地点变化交代全。
首尾呼应最重要，结构完整是一篇。
联想写景最好玩，巧妙联想趣无限。
视角变化写景物，空间方位要突出。
体验写景要新颖，独特感受不一般。
分类联想细致写，下笔有趣是特点。
拟人抒情景生情，想象联想并列段。
景物童话有乐趣，细节描述新故事。
写景多用修辞法，语言优美人人夸。
首尾呼应结构新，景中有情情要真。

6．状物作文歌诀

状物文章分多种，动物植物不相同。
物品建筑细分类，一样一样看分明。
介绍植物抓特点，枝叶花果样样全。
一年四季顺序写，生长过程一条线。
形状颜色和滋味，比喻拟人写有趣。
联系生活述感受，描写细节有情趣。
引用诗句来赞美，画龙点睛多趣味。
介绍动物要有点，外形习性是重点。
描写特点抓外形，总分说明条理清。

联想生活写习性，吃睡玩飞和叫鸣。
生活细节要具体，写出特性有感情。
介绍物品三要点，外形结构功能全。
文具玩具最常见，生活用品有千万。
描写外形有顺序，描写结构按空间。
描写功能述生活，典型细节写一段。
开头介绍名来历，结尾赞美把睛点。
状物要写建筑物，远近特点仔细看。
参观过程交代明，描写特征抓重点。
空间顺序细说明，看听想到都写全。
色彩形状细描绘，比喻联想有趣谈。
状物要写真情感，结尾抒情最常见。

7. 审题歌诀

作文审题很重要，范围选材不能差；
决定体裁再布局，区别人称你我他；
抓住关键字和词，明确重点笔生花；
分析句型审题眼，狠下功夫收获大。

8. 选材歌诀

选材料，须扣题；熟材料，反复比。
选新颖，是第一；选真实，要牢记；
选典型，有情趣。材料多，细琢磨。
多比较，用心记。

9. 构思歌诀

先构思，后动笔；定中心，宜扣题。

一文章，一中心；无须多，不偏离。
想开头，思顺序；明重点，具体叙。
线索明，思路清；巧过渡，会照应。
时间变，按顺序；地点变，合事理。
首和尾，要一致；立好意，才下笔。

10. 列提纲歌诀

构思好，列提纲；搭架子，行文畅。
定顺序，理思路；明详略，细琢磨。
首和尾，要帖妥。

11. 开头歌诀

开好头，是关键。直入题，时地点；
设悬念，趣味见；描绘景，抒发情；
借故事，吸引人；好诗句，引入文；
借哲理，巧议论；先概述，再具体；
要成功，须新颖；方法多，灵活用。

12. 结尾歌诀

结好尾，味无穷。自然收，渠自成；
巧总结，中心明；善启发，留余声；
要赞美，巧抒情；发议论，要点睛；
象征景，味无穷；呼开头，暗照应；
成一体，结构整。

13. 过渡歌诀

巧过渡，文无缝；衔接段，思路清。

过渡句，用词语；巧铺路，很有趣。
段过渡，句子好；架设桥，连接巧。
篇过渡，用段落；妙连接，好处多。
过渡处，要自然，忌生硬，忌死板，
忌跳跃，忌突然。

14. 描写具体歌诀

写文章，要具体。叙事文，重过程；
细节处，须注意。写人物，动语神，
细刻画，须用心，人物活，要逼真。
状物文，抓特点，多形容，多修饰，
善分解，巧对比。写景文，形色态，
细心描，大胆想，静动态，重点忆。
写活动，要注意，从整体，到部分；
先场面，后聚焦。写联想，多比喻，
可夸张，可排比，情趣浓，文具体。

15. 修改歌诀

好文章，改百遍。读中改，细增删；
多推敲，严把关。标点号，用恰当。
调并换，文意畅；热加工，冷处理；
互批改，互借鉴。改写中，技能练。

16. 记叙文写作歌诀

记叙文体重记叙，写人记事要具体。
六要素须交代清，空话少说点睛议。
文中事实脉络明，叙中抒情拓新意。

选材典型开掘深，首尾精巧构思奇。

17. 议论文写作歌诀

议论文体重在议，以理服人讲道理。
中心论点要鲜明，论据确凿最有力。
论证方法灵活用，会摆事实会分析。
正面说，反面议，找证明，驳异议。
语言朴实文风正，材料观点要统一。

18. 说明文写作歌诀

说明文体重说明，各行各业都要用。
说明文体分类多，语言风格各不同。
说明方法要恰当，抓住特点去说明。
思路清晰讲条理，说明顺序记心中。

19. 作文开头歌诀

一是交代写作动机，二是开门见山点题，
三是揭示全篇内容，四是利用精彩事例，
五是交代写作背景，六是引用神话传说，
七是进行议论抒情，八是引用名言警句，
九是提出设问启后，十是优美景物描述。

20. 作文结尾歌诀

作文结尾也不难，应给人们有美感。
全面总结要简洁，点明主旨在尾端。
前后照应气势美，主题激情一红线。
朴实含蓄意境好，余音缭绕意绵绵。

21．观察歌诀

身边事物留心看，作文素材有来源。
静观默察讲方法，常用四法勤学练。
一法顺序远及近，上下观看叙井然；
二法移步换形观，环环紧扣深体验；
三法对比辨差别，正对反对抓特点；
四法观察有点面，主次分清周而全。
以上四法有关联，综合运用像过年。

22．审题立意歌诀

审清题目辨体裁，把握重点和要害。
依题联实多比较，围绕主题选素材。
善于辐射把缰找，抓住一点不忘怀，
面面俱到得分少，“小题大做”巧安排。
审题立意若做到，胸中有数神笔来。

23．写作程序歌诀

练习写作要记清：审清题意动脑筋；
打好腹稿定中心，筛选材料抓典型；
提纲挈领条条清，段落层次安排定；
思想成熟叙不停，草案完工仔细吟；
反反复复找毛病，闲话废语删干净；
关键事情讲详尽，错字别字要留心；
百改不厌誊写清，照此程序次次新。

24．考场作文三步曲

首先三审此标题，文体题眼和范围。

弄清题意抓规律，切莫急忙来动笔。
其次三慢须切记，构思提纲和立意。
详略清晰中心明，磨刀不误砍柴工。
再次作文有三快，行文誊写与修改。
心中有数巧安排，恰到好处妙笔来。

25. 叙述要诀

叙述方式抓四点，人称顺序贯全篇，
还有线索与要素，撮其要点叙不偏。
耳闻目睹一人称，前后一致把话传；
局外人物三人称，调查访问写不完。
叙述顺序有四种，四种顺序灵活搬。
一种顺序按时间，有头有尾周而全；
二种倒叙后提前，再按顺序叙根源；
三种插叙补事件，回忆往事话源泉；
四种平叙两条线，花开两朵分枝言。
叙述线索有双单，单线穿珠最常见；
头绪复杂多线联，主次清楚讲明暗。
叙述要素有六点：时地人事叙全面，
揭示原因述发展，开花结果事满圆。

26. 描写歌诀

常见描写四方面，具体形象抓特点。
人物描写方法多，说谈演唱有语言；
音容笑貌贵传神，外貌形象现眼前；
举手投足描个性；心理刻画善体验。
环境描绘重烘托，社会背景写自然。

场面描述要真切，形声色味周而全。
细节描摹讲重点，于微细处精神现。
多看多练没空闲，功到自成心儿甜。

27. 抒情四字歌

抒发感情，三点要求：情真意切，丰富细腻，
表情达意。一定牢记。表达和谐，两种方式：
坦率质朴，直抒胸臆。间接抒发，寓情于景；
即事抒情，寓情于理；即物抒情，表现主题。

28. 记叙歌诀

记叙开篇像凤头，小巧漂亮看不够。
四大要素不可忘，开门见山中心扣。
文中事件如猪肚，内容丰富又实厚。
过渡衔接要自然，精雕细刻话不完。
四种描写求形象，空洞语言没力量。
写人描景记事件，主次详略记心上。
文章结尾若豹尾，尾巴简短又有力。
写完以后看两遍，认真修改紧扣题。

29. 说明歌诀

说明文体较常见，读写常做四方面。
对象特征把握好，说明写作第一点。
说明顺序想周全，时空把握别瞎编；
事物结构有繁简，条理紊乱使人厌。
说明结构比较深，并列递进及总分，
还有连贯共四种，单用合用讲求真。

说明方法很重要，常用八法别忘掉。

熟能生巧多实践，善于读写见提高。

30. 立论歌诀

提出问题点龙睛，分析问题抓本质；

理论事实必真实，论据才有说服力；

直接间接来证明，围绕论点有破立；

议论简明须确切，论证巧妙合逻辑；

讲理摆事重举例，解决问题就得力。

31. 驳论歌诀

火力集中，靶子对准；抓住要害，实质批深；

又揭又批，事理俱精；推理严密，旗帜鲜明；

过渡照应，详略分清；完整单一，成竹在心。

32. 供材作文歌诀

所供材料意丰富，最佳立意要抓住。

认真看读细思量，各项要求理清楚。

提供材料不能丢，不能违背选角度。

扣料用料并联料，参照命题作文做。

33. 供材作文四字法

供材作文四字法，引议联结好处大。

选准角度极重要，围绕中心善开发。

引用原文须确切，议论点旨要记得。

联系实际摆道理，结论有力又简洁。

34. 话题作文歌诀

话题作文很流行，常见考题三类型：
命题提示和材料，围绕话题马不停。
话题特点开放性，大题小做写真情；
抓住一点述详尽，以小见大显水平。

35. 读后感要诀

读懂原文是首要，抓住重点定基调。
引议联结重感想，围绕中心细细表。

36. 扩写歌诀

扩写无巧，方法记牢：一练扩首，简洁可靠；
二练扩中，详尽为好；三练扩尾，点睛是宝。
扩写要好，要求做到：主要内容，切莫砍掉；
合理想象，必不可少；重点地方，深挖细找。

37. 缩写歌诀

缩写首先应做到：遵循原作是首要。
其次做到四方法：句子缩写要思考，
保留重点应得体，略写材料删削掉，
概括方法讲精当，强化训练才牢靠。

38. 改写要诀

改写方法有诀窍，因文而异很重要。
一法改变原体裁，抓住体裁没抛掉。
二法改变人称呼，人称一致定做到。
三法改动其结构，顺倒插叙应推敲。

四法改换原表达，叙述描写求提高。
议论抒情点中心，细腻具体又一招。

39．续写要诀

续写作文有条件，条件把握是关键。
关键在于细推敲，思想成熟立意全。
围绕开头把话联，过渡衔接要自然。
续写下文好做到，参照命题作文练。

40．看图作文歌诀

看图文，是创新。对照图，仔细看。
一看人，二看景，三看事，分主次。
推前因，想结果，多联想，想合理。
看中想，求创新，写文章，要具体。

41．应用文要诀

应用作文若不差，格式正文讲方法。
语言简明又生动，心中有数笔生花。
基本格式有五家，标题称呼顶呱呱。
正文署名和日期，各就各位把话拉。
正文方法四大侠，叙述议论文武侠，
说明综合顶梁柱，机动灵活人人夸。

42．新闻要素歌诀

新闻要素不能忘，导语交代记端详。
标题意思应完整，主体部分求形象。

43. 小说要素歌诀

小说要素有三条：人物描写不可少，
环境衬托为中心，情节具体收效好。

44. 语文解题方法要诀

排除方法有技巧，排除正确讲实效。
排除错误抓要害，单用双用快选好。
比较方法勤动脑，易学易做收效高。
同类异类善比较，围绕题意相近找。
以上两法要记牢，反复实践错不了。
弄清题意抓规律，照此训练低分少。

45. 听力歌诀

听话能力应做到：思想集中是首要。
听人讲话勿打岔，尊重别人不骄傲。
听时眼神示礼貌，边听边记边思考；
抓住核心记详细，不懂问题作记号；
听后请教要虚心，活到老年学到老。

46. 说话歌诀

说话艺术忌口禅，衣着仪表要自然。
眼看听众示礼貌，手势助说如语言。
表述方式三类别：叙述说明和议论。
哪种表达有风韵，具体情况来识辨。
叙述事情一中心，交代要素穿红线，
抓住重点说详尽，顺倒插叙求连贯。
说明事物抓特点，条理清晰听不厌。

选择方法要恰当，举例类比讲精练。
发表议论明观点，事理俱精又全面。
说理过程应严密，幽默语言适时变。
技巧终究是辅助，经常实验口不闲。
从小注意练表达，说谈演唱乐无边。

47．仿用名家学习十法诀

终南捷径有十家，十家学习有十法：
学而不思惑如麻，使用孔子学思法；
学了就用收获大，遵循泽东学用法；
事半功倍人人夸，实现陈毅劳逸法；
寓乐于学是不差，遵循列宁乐趣法；
博览精读顶呱呱，模仿鲁迅精博法；
储存相同批伪假，仿用卢梭储批法；
眼到口到心未到，学习朱熹三到法；
厚薄薄厚方法嘉，实验罗庚厚薄法；
静观默察好处佳，学用尔文观察法；
遗忘规律多到寡，遵守艾宾复习法。
以上十法可采纳，结合实际选方法。

48．写对联歌诀

平对仄，仄对平，平仄要分清。
一三五不论，二四六分明。
上声去声皆仄韵，阴平阳平皆平声。
虚对实，实对虚，轻重莫偏失。
寻义理，辨词性，属对要用心。
万一义和声矛盾，顾全精义要记清。

49. 鲁迅作文“秘诀”

鲁迅是伟大的文学家、思想家、革命家，有许多血气方刚的文学青年向他求教作文“秘诀”，他坦诚地说：“文章怎样做，我说不出来。因为自己的作文是由于多看和练习，此外并无心得或方法的。”又说：“我做完之后，总要看两遍，自己觉得拗口的，就增删几个字，一定要它读得顺口。”他还说：“力避行文的唠叨，只要觉得将意思传给别人了，就宁可什么陪衬拖带也没有。写完后至少看两遍，竭力将可有可无的字、句、段删去，毫不可惜。”

鲁迅是这样说的，也是这样做的。一次，写小说《幸福的家庭》，写完以后已是半夜。这时他又一边朗诵，一边修改。他还模拟人物的语气诵读，致使他的邻居以为半夜里还有客人，讲话声音如此响亮。

50. 文贵构思新颖

著名作家老舍先生，一次请画家齐白石作一幅写意画，画题是“十里蛙声出山泉”。

白石老人苦思数日，欣然挥笔画出一幅杰作：远处，几笔青山；近处，乱石片片，一股清水从溪涧泻出，几只活泼的蝌蚪在水中浮游。细观此画，仿佛“十里之外”的蛙声响在耳际。真是“此时无声胜有声”，构思新颖。

有一位美术老师以诗为题让学生作画。画题是“踏花归来马蹄香”。在众多的画中，老师只喜欢一幅。这幅画画的是一匹骏马，马蹄上没有花瓣，而围绕着几只蜜蜂。把这幅画挂起来，请同学们评论，大家一致说：“好！太好了！”

写文章与作画一样，贵在构思新颖。俗话说诗文中有画，画中有诗文，即此道理。

51. 私塾先生的批语

古时候,有一位私塾先生,他把学生写得很差的文章分为三类,分别写上批语：放狗屁、狗放屁、放屁狗。

别人问他为啥这样分，他说："放狗屁，说明文章写得太差，胡说八道，像放狗屁；狗放屁，这类文章更差，简直不是人话，是狗话，是狗在胡言乱语；放屁狗呢，这类文章特差，写这种文章的，像是专门放臭屁的狗，什么用处都没有，和第二类相比，又下之。"

52. 深山藏古寺

古时候一位画家收了三个学生，为了检验学生的成绩，就以"深山藏古寺"为题，让他们作画。第一个学生画的是整个寺院，四面是千仞高山，悬崖峭壁；第二个学生只画古寺的一角，周围峰峦起伏，松柏挺立；第三个学生只画了数小节石阶和一条小溪，溪边有一个挑水的和尚。

结果，第三幅画被评为佳作。

第三幅画，虽然不见近山浓涂，远峰淡抹，更没有肃森寺院，雄浑古刹，但那数小节石阶，就是深山的缩影，那个挑水的和尚，就是古寺的象征。画面恰到好处，"藏"字跃然纸上，突出主旨。作者匠心独到，构思新奇，使作品不落俗套，成为上品。

53. 严师与高徒

莫泊桑是 19 世纪后半叶法国优秀作家之一。从童年起他就写诗，到中学时已写下了数不尽的作品，可未曾发表过一篇。中学毕业后，经语文教师布耶的介绍，拜比他大 30 岁的著名作家福楼拜为师。他们常一起散步，每次回来，福楼拜总是以"沿途见闻"为题，让莫泊桑作文，要求精细和真实地描写所见的人和事，以培养莫泊桑敏锐的观察力。福楼拜说："当你走过一位坐在自家店门前的杂货商面前，走过一位吸着烟斗的守门人面前，请你给我描绘出这杂货商和这守门人，他们的姿态，他们的全部身体外貌，包括用画家的手腕，请你描绘出他们全部的精神本性，以便我不至于把他们和任何别的杂货商人、任何别的守门人混同。"他还严格训练莫泊桑的用词准确。在福楼拜的严格训练下，莫泊桑终于成为法国著名作家。《羊脂球》一发表就震动了整个法国文坛，10 年间他连续发表了 16 部短篇小说，6 部长篇小说，3 部游记，1 个剧本，还写了不少杂文。

54.“胸有成竹”的由来

宋代画家文与可，擅长水墨写生，他尤其喜欢画竹子。为了画竹子，每天细心观察、研究竹叶和竹枝在每一个季节、每一种天气里形态的变化。一天，骄阳似火，在别人午休的当儿，他去观察盛夏中午时分的竹子，一会儿摇晃一下那直插云霄的楠竹，一会儿又弯下腰去抚摸那低低的水竹，全神贯注，观察入微。脸晒红了，衣服被汗水浸湿透了，他全然不知。妻子寻他吃饭，到跟前喊他，他也没听见。妻子只得把他硬拉回家，刚要吃饭，忽然狂风大作，乌云密布，他饭也没吃，便发疯一样跑出家门，他要观察竹子在风雨中的姿态，结果淋了个落汤鸡。雷雨过后，他仍不回家吃饭，他要看看竹叶上那晶莹滚动的水珠。残竹砾石划破了他的衣服、皮肤，他也毫无所知，他完全融入了竹海之中。

无论春夏秋冬，风霜雨雪，他年复一年地细心观察竹子的各种姿态，不同变化。时间长了，他闭上眼睛也能把竹子在心里细致地描绘出来，并且逼真动人，生气勃勃。因此，他的好朋友晁补之称赞说："文与可画竹时，胸中有成竹。""胸有成竹"这个成语就出于此。

55. 毛主席改诗

毛主席写诗填词，非常严格认真，总是反复琢磨修改，锤炼字词，力求做到精益求精。例如，七律《送瘟神》下阕有一联是“红雨随心翻作浪，青山着意化为桥”，郭沫若同志曾看过这首诗的原稿，这两句原是“红雨无心翻作浪，青山有意化为桥”。以后，毛主席把“无心”改为“随心”，又把“有意”改为“着意”，更好地突出了人定胜天的主题。

又如词《减字木兰花·广昌路上》，1962年在《人民文学》五月号上发表时，开头两句是“漫天皆白，雪里行军无翠柏”，1963年12月《毛主席诗词》出版时，毛主席已把第二句改成“雪里行军情更迫”。三字之改，既避免了“皆白”和“无翠柏”词义重复，又写出了红军在雪地里行军时斗志昂扬，走得又快又急的景况，烘托出红军将士歼敌取胜的迫切心情和浓厚的战斗气氛。

在人们争相称颂的《沁园春·雪》中，有两句原是“山舞银蛇，原驱腊象”，1957年元月《诗刊》在创刊号上正式发表之前，毛主席把“驱”字改为“驰”字，这样就使“象”从被动地位变成了主动地位，可谓意境添辉。以后《诗刊》主编臧克家向毛主席请教“腊象”的“腊”字应如何解释，毛主席和蔼地征求意见说：“你看应该怎样？”臧克家说，如果把“腊”字改成“蜡”字，就能更好地同上句的“银蛇”相对应。毛主席点头说：“好，就替我改过来吧。”原句“腊象”指真腊象（真腊即今柬埔寨）。把“腊象”改成“蜡象”，既浅显通俗，又对仗整齐。在脍炙人口的七律诗《长征》中，“金沙水拍云崖暖”原稿为“金沙浪拍悬崖暖”。毛主席将“悬”字改为“云”字，本已生色不少，再后，有人写信给毛主席，说这首诗前已有“五岭逶迤腾细浪”之句，建议把这句中的“金沙浪”改为“金沙水”，以避免一首词中用两个“浪”字，毛主席又愉快地采纳了这个意见。

56. “写作公司”

儒勒·凡尔纳是著名的法国科学幻想小说家。他一生的作品，单小说就有104部。当时，人们传说有一个“写作公司”在为他工作，不然一个人怎么能写出这么多的作品呢？

有一天记者来访，执意揭开“写作公司”的秘密。凡尔纳微笑着把客人领进自己的工作室，指着好多柜子说：“诺，这就是你们要找的‘写作公司’。”记者狐疑地打开一个柜子，只见里面分门别类地放满了卡片，上面密密麻麻地写着各种资料，仅这一柜子大约就有两万张卡片。

57. 李贺的锦囊

唐代杰出诗人李贺为了把诗写好，每天早上起得很早，背上饭兜、锦囊，骑上一匹瘦马，沿着一条小溪漫游，一路上细心观察和了解自然景物，即景吟诗，每逢哼出佳句就写在纸条上，放入锦囊之中。就这样从早到晚坚持积累材料，勤奋写作。他的妈妈看着他那装满记有诗句纸条的锦囊，十分心疼地说：“哎呀！孩子呀！把你的心呕出来才肯罢休吗？”果然，他的诗歌取得了很高的成就，不少诗篇别具风格，气势雄壮。如《雁门太守行》头两句“黑云压城城欲摧，甲光向日金鳞开”就生动地描绘了边城的险峻和战士们的雄健，曾受到唐代大文学家韩愈的称赞。

留心观察，积极收集，注意积累，反复琢磨，是李贺写作成功的诀窍，很值得借鉴学习。

58. 瓮中藏书

元末明初的文学家陶宗仪曾在松江隐居过。那时，他一边参加农业劳动，一边利用休息时间在树荫下采摘树叶记录他的所见所闻所思所感，记完一叶，便放入自己家中的瓦罐（即瓮）里，日积月累，十年竟积下十几瓦罐。

后来，他取出瓦罐中的树叶，一张张重新修改整理，终于编成了一部 30 卷的巨著《南村辍耕录》。这部书内容十分丰富，记载了元代典章制度，元末东南农民起义和当时北京的文物建筑，还有不少诗词、小说、戏曲、音乐和绘画资料等。

59. 施耐庵观虎

《水浒传》里有三次写虎，而武松打虎一回写得最为形象、生动，流传更为广泛。为什么施耐庵写得那么生动呢？据说，为了把梁山泊一百零八个英雄好汉写得个性突出，栩栩如生，作家废寝忘食，跋山涉水，寻模特儿，找典型，不辞辛苦。为了熟悉老虎的习性，抓住老虎的细微特征，施耐庵不仅翻山越岭，访问猎户，倾听关于老虎吃人的描述，还亲自跑到深山密林里去，蹲在大树上，观察老虎的外貌、颜色和动作。他根据老虎的特征，又亲手扎了一只老虎放在书案上，并在家里养了一只猫，在写作的时候，反复描绘它的形象。由于他掌握了第一手材料，对老虎的外貌、习性观察入微，了如指掌，武松打虎这一回才写得那么逼真形象。这也是《水浒传》令人百读不厌的原因之一。

60. 果戈里的“嗜好”

果戈里一生最大的“嗜好”就是爱记笔记，人称“笔记迷”。读过的警句和心得，听到的奇闻和趣事，看到的人情和乡俗，他都毫无例外地写在笔记里。有一次他请朋友上饭馆，饭菜都摆上来了，他还在埋头写一张菜单，而且边抄边赞叹说：“太好了，太有用了！”后来，这份菜单果然用在一篇小说里了。他的短篇小说《狄康卡近乡夜话》里，写了许多乌克兰的风俗习惯、传说故事，以及民歌谚语，就是从他的笔记本里摘录下来的。果戈里把他的笔记本叫作“万宝全书”。

61. 蒲松龄写《聊斋志异》

蒲松龄的《聊斋志异》，文辞简约，寓意深刻，通过荒诞离奇的鬼怪故事，表达了他的爱憎之情。书成之后，当时就有人用3000两金子买这本书。他为什么写得这么好呢？据说，有一年夏天，蒲松龄坐在屋里写书，说什么也写不出来了。他只好放下笔，先到门外稍事休息一会儿。在门口，他看到来往过客，忽然想到：“一人肚里一条计，三人肚里一本戏。我何不向大家学习呢？”于是，他典当了自己的破旧衣物，换取了苇席、绿豆，之后每天早晨在十字路口的大树下，铺上一张苇席，煮上几锅绿豆汤，倒入一个大缸里，请来往行人歇脚、解渴。他不收金钱银两，只要求歇脚的人休息过后，给他讲个新颖、奇特的故事。就这样，他每天都能听到许多内容新颖、情节曲折的故事，到了晚上，他便选择那些意义深、趣味浓的故事，进行加工、修饰，这回可大不相同了，不是没啥写，而是文如泉涌了。

62. 蜜蜂的启示

蜜蜂是非常勤劳的。据说一只蜜蜂要酿造1千克蜂蜜，要在100万朵花上采集原料。假如蜜蜂采蜜的花丛与蜂房的距离为1.5公里，那么，这蜜蜂要采1千克的蜜，就得飞上45万公里，等于绕赤道飞行11圈。

蜜蜂博采百花酿出蜜，给人以重要的启示。要博采，更需要提炼，黄澄澄、香喷喷、甜蜜蜜的蜜才会酿出来。蜜蜂可以说是在进行一种卓越的创造。

人们在广泛求师，博采诸家技艺之后，又能深入生活，加上自己别出心裁的创造，就一定能写出好文章来。

63. 画龙点睛

唐代的张彦远在《历代名画记》卷七中记载了一则故事：传说梁代有一位画家叫张僧繇。有一天他在金陵（今南京）安乐寺的墙壁上画了四条龙，栩栩如生，但都没有画上眼睛。别人问他为什么不画眼睛，他回答说："不能画眼睛，一画上龙就飞走了。"听的人都不相信，请他点上试试看。他刚把其中一条龙的眼睛点上，突然间，乌云密布，雷电交加，那条点睛之龙便腾空而起了。没有点眼睛的龙依然安在。

这个传说无非是说张僧繇的画形神兼备，生动逼真，传神入微。那么写文章呢？学会点睛之笔，岂不一样形象生动，活灵活现？

64. "三上"文章

宋代著名文学家欧阳修，一生留下了许多名篇佳作。他用"三多""三上"概括了自己的写作经验。他说："为文有三多：看多、证多、商量多也。"意思是说：多看书，学习别人的写作经验；多练习写作，在实践中提高；多与别人商量、研究，虚心求教，力争把文章写得完美。他又说："余平生所作文章，多在'三上'：乃马上、枕上、厕上也。"意思是，他常常利用外出的道上，就寝的枕头上，上厕所的时候抓紧时间构思文章。这就是欧阳修文章写得多、写得好的原因之一。

65. "长安米贵"

白居易 15 岁时来到京都长安，经人引荐，带着诗稿拜谒一位很有名气的大官（大诗人顾况）。这位大官看白居易像个乳臭未干的毛孩子，问清名字，便轻蔑地一语双关地说："长安米贵，居大不易呀！"当他翻开诗集看到"野火烧不尽，春风吹又生"等诗句时，不禁拍案叫绝，感叹地说："有如此文才，在京城居

住下来，还是容易的！”（顾况：有句如此，居亦何难）

白居易为什么能写出这样的名句呢？这是他勤奋学习、刻苦用功的结果。他自幼勤于读书，“昼课赋，夜课书，闲之课诗”，他抓紧一分一秒的时间努力学习。他不仅时间抓得紧，而且功夫深。据说，他念书念得多，连嘴唇的皮都磨破了，生了很多的口疮，但他并不因此中断，还是日夜不停地念书。他写很多的字，连手臂上也磨起了一层很厚的老茧。

由于白居易刻苦努力学习，努力写作，30 多岁的时候就负有盛名了。据元稹说，白居易的诗，从王公贵族到仆夫，都能吟诵，从官府到茶馆、驿站，到处有人题写，甚至流传到了国外。

66. 白居易改稿

白居易每写完一首诗，总是读给邻居一个不识字的老太太听。读完后就问她：“您听懂了吗？”如果老太太说：“听懂了，听懂了，这首诗写得好，它说出了我们的心里话。”白居易就把它拿出去，为更多的人读、唱。如果老太太说：“听不懂。”白居易就一遍、两遍、三遍及若干遍地修改，直到老太太听懂为止。

当时，许多诗人都嘲笑讥讽他“未免太俗气”，而白居易却笑着说：“我的诗是写给老百姓看的，他们如果看不懂、听不懂，我又何必写呢？”

67. 五易其字

宋朝王安石写了一首诗：“京口瓜洲一水间，钟山只隔数重山。春风又绿江南岸，明月何时照我还。”第三句中的“绿”字一处曾修改五次：一是“到”字；二是“过”字；三是“入”字；四是“满”字；最后第五次才定为“绿”字。拈此五字，揣摩王安石的思路，不难看出“到”字状行动终达之貌，故比不上“过”

字爽利。“过”字虽爽利而终归“一拂而过”，当然比不上“入”字深化、贴切。又一想，“入”字不够响亮，更比不上“满”字丰盈。再一想，“满”则满矣，唯不够生色传神。最后，才在字词的宝藏中“炼”出一个绝妙的字——“绿”。

“绿”字有何妙处呢？“绿”是春风的行踪，“绿”是江南的神韵，“绿”是生命的颜色！

这个故事，说明任何心得和收获都是汗浇血灌换来的。我们既要学习王安石“五易其字”的精神，又要从中领会诗文写作的规律。

68. 剩一“酒”字

从前有个商人在街上新开个店铺卖酒，为了招徕顾客，特奉厚礼请来几个秀才为他写一个招牌。甲秀才挥笔写出：“此处有好酒出售”七个大字，店家点头赞许。乙秀才指出过于啰唆，建议将“此处”两字删去，店家觉得有理。丙秀才又说“有”字多余，删去更为简约，店家也觉得干脆。丁秀才又说：“酒好与坏，顾客品尝后自有评价，‘好’字也应删去。”店家没有反对。

这时，走来一位老农，说：“有酒不是出售的吗？干脆就写一‘酒’字，更为夺目。”店家欣然接受。

这个故事说明，文章不厌百遍改。

69. 推敲

唐朝有个诗人叫贾岛，有一次骑毛驴经过朱雀大街，时值深秋，风卷落叶。他灵感一来想出一佳句“落叶满长安”，又苦思不已，想出了上一句“秋风吹渭水”。他高兴得简直忘乎所以，一不小心撞上了京兆尹刘栖楚的仪仗，立即被抓了起来，拘留了一个晚上。但是，他并没有因此吸取教训。又一天，他到长安郊外野游。美丽的自然风光又激起了他的诗兴。曲江池边的树旁有许多鸟儿在自由自在地飞翔，不远处又有一座庙宇，这又使他触景生情，写下了两句诗："鸟宿池边树，僧推月下门。"他骑着毛驴，打着手势，思考着到底是"推"字好呢，还是"敲"字好呢。又迷迷糊糊地闯进了大官韩愈的仪仗中。韩愈是个诗人，当见到被抓来的贾岛的时候，问清缘由，并没有责怪贾岛，而是告诉他用"敲"字好。

就这样，他们成了好朋友，而"推敲"也成了流传千古的词语。

70．"一词说"

莫泊桑是世界短篇小说巨匠，他初中毕业后，曾拜福楼拜（莫泊桑舅母的好友）为师。福楼拜在用词准确性上严格要求莫泊桑，他说："你所说到的任何事物，都只有一个名词来称呼，只有一个动词来标志它的行动，只有一个形容词来形容它。因此，就应该去找寻迄今还没有找到的这个名词，这个动词和这个形容词，而绝不能满足于近似的，绝不应利用蒙混，甚至高明的蒙混手法，不要利用语言的戏法，来逃避困难。"

这就是世界文学史上有名的"一词说"。

71．"十行"和"一行"

一次，莫泊桑去拜访老师福楼拜，看到十行的稿纸上仅保留了一行字，莫泊桑觉得不可思议。福楼拜却告诉他："写一行就得准备十行来改。"人们都知道福楼拜是一个惨淡经营的作家，他常常绝望地骂自己："写出这样的东西来真该打自己的嘴巴！"然后又陷入深深的沉思，一字一句地去推敲、修改。福楼拜留下的作品虽不多，却篇篇都是精品。

72. 妙对

明代李梦阳才思卓越，很有名望。传说他在江西做提学副使时，发现有个读书人与他同名同姓，于是叫那读书人来质问：“你好大的胆，竟敢犯我的名讳！”读书人说：“名字是父母取的。不敢更改。”李梦阳想了想，说：“我出一个对来考考你，对得好就宽恕你。”他念道：“蔺相如，司马相如，名相如，实不相如。”这一对出得绝：蔺相如是战国时赵国的大夫，司马相如是汉代的文学家，“相如”二字又当“相同”来解释。李梦阳的意思是，两个相如都不相如，你一个士子能和我同名同姓吗？那个读书人稍一沉思，答道：“魏无忌，长孙无忌，彼无忌，此亦无忌。”真是对得好！魏无忌是战国时的魏公子信陵君，长孙无忌是唐朝的大臣，“无忌”二字就是“没有忌讳”。读书人的意思是，他那里都不忌讳，我这里也无须忌讳了。李梦阳听后，便笑着让那个读书人走了。

在此，他们都是巧用历史故事，弦外有音。历史上有很多脍炙人口、广为流传的妙对，既反映人们的聪明机敏，又表现出他们善于运用祖国语言的熟练技巧。

73. 精练

唐朝皇帝命令史官编修“通史”，指定刘知己为主编。

刘知己受命后，就召集史官们开会，提出了修改的原则：“忠于史实，精简文字。”

有个史官改完了班固著的《汉书·张苍传》，送给刘知己审阅，刘知己看到其中有这么一句：“苍免相后，年老口中无齿，食乳。”便向史官们提出：“大家看看，这句够精练了吗，还可不可以再精练些？”

史官们看了都未出声，刘知己笑着说：“语句是通顺的，但还不够精练。”于是他提笔删去了其中的“年”“口中”三个字，变成“苍免相后，老无齿，食乳。”

74. 喜欢做长文章的胡秀才

从前有个胡秀才，写文章非常累赘。有一年，他上京赶考，临动身的时候，他的大哥嘱咐他：“你平时写文章很啰唆，这次进京应试，千万要把文章写得简练些。”

胡秀才到了京城，给他大哥写了一封信，信上写道：

“大哥，你知道，我以前写文章确实有些啰唆，多亏你指教，今后我一定不再犯这毛病。你看我这次给你写的信，不是就比以前省事得多了吗？

“大哥，你知道，我是上月二十四日从家起身的，在路上经过二十五、二十六、二十七、二十八、二十九这几天，三十日到京。到京后，初一没有考，初二没有考，初三也没有考，初四还没有考。哥，我想：要是初五再不考的话，那我初五以前就不去考了！谁知初六……初十又没有考，我初十以前也不去考了！（初六……初十是表示从初一到初十，为了省事我把初七、初八、初九这几天都省去了）

“大哥，这次我要是考中的话，那大哥你将当大太爷，我二哥将当二太爷，三哥将当三太爷；大嫂将当大太奶奶，二嫂将当二太奶奶，三嫂将当三太奶奶。”

下边他又添上这样一段：

“此次来京，因一时仓促，将我的‘袜包’忘在家里，望接捎之。”最后又加了个注释：“我所说的‘袜包’是指‘袜子’和‘包脚布’，‘接捎’是要接信后给我捎来的意思，所以这样写是为了省字而已。”

75. 欧阳修虚心求教

欧阳修在滁州当太守时，经常到琅琊山去玩，和琅琊寺里的和尚智仙很要好。这位当家和尚专门为他在游山的路旁盖了一座亭子。欧阳修给它起了个名字叫“醉翁亭”，还写了一篇《醉翁亭记》。文章写好后，他抄了六份。早晨起来，他办的第一件事，就是让手下的衙役把文章分别贴到各个城门上去，一个城门贴一份，目的是让过往的行人帮助他修改。同时，他还派出六班锣鼓手，分别在各个城门口鸣锣击鼓，招徕行人。由于他实心实意，终于有个五十多岁的老头儿来给他修改文章了。这个老头儿是个砍柴的樵夫。他对欧阳修说：“大人，你那篇文章我听衙役读了，句句讲的是实情，就是开头太啰唆了！”为了让老头儿提出具体意见，欧阳修又把开头背诵了一遍。他背道：“滁州四面皆山也，东有乌龙山，西有大丰山，南有花山，北有白米山，其西南诸峰，林壑尤美……”刚念到此，樵夫把手一扬，说：“停，毛病找到了。”欧阳修恍然大悟，连忙说：“你的意思，是不必点出这些山的名字？”

樵夫笑着说：“就是这么回事儿。太守，你上过琅琊山的南天门吗？站在南天门上，什么乌龙山、大丰山、花山、白米山一转身就全都看到了，四周都是山！”欧阳修听了，大声说道：“言之有理，言之有理！”当即拿出文章底稿写道：“环滁皆山也，其西南诸峰……”然后又读给樵夫听，樵夫满意了，说：“环滁皆山也，五个字好，不啰唆了。”

欧阳修的创作态度是非常认真严肃的，他每写好一篇文章，必先“草就纸上，粉于壁，兴卧观之，屡思屡议”，一直坚持到晚年。

《宴简》中记载了这样一个故事：晚年，欧阳修把自己的文章编成一个集子。为了推敲字句，谋求结构严谨，他常常熬夜。他的夫人看到这种情况，就跟他开玩笑说：“你又不是小学生，何必自找苦吃，难道还怕先生责怪你吗？”欧阳修一本正经地说：“我已经这么大年纪了，自然不会有什么老师来批评我。可是，我的集子是留给后人看的，我认真修改，是怕文章里还有毛病，让后人笑话呀！”

76.“文似看山不喜平”

明代唐寅（伯虎）不仅是一名画家，也是一个诗人。他对门有一个富翁一日为其母亲过生日，请唐伯虎来绘画题诗，为其母亲祝寿。伯虎先绘就《蟠桃献寿》一画，后拿起笔在画上题诗。诗的第一句是“这个老妇不是人”，顿使举座失色，可他接着又写第二句“九天仙女下凡尘”，人们转怒为喜。他接着又写第三句“儿孙个个都是贼”，富翁面如土色，怒目相视，正要发作，唐伯虎笔锋轻轻一转，写下第四句“偷得蟠桃献至亲”，大家才改颜赞许。

古人云：文章贵在曲折斡旋。许多优秀的作品都是“直中有曲，曲中冗直”。直，是指文意显豁，思路畅达；曲，则是跌宕不平，章法多变。要做到文章曲折斡旋，我们在布局谋篇时就要多费心思了。

77. 文贵有情

巴尔扎克写《高老头》，写到高老头死时，心里十分难过，一下子就昏过去了。恰巧一位朋友去看望他，一进房门，就见他倒在地板上，脸色惨白，昏昏沉沉。这位朋友惊呼道：“巴尔扎克先生不行了！”他这么一叫，巴尔扎克苏醒了，责备说：“你懂什么，刚才是高老头（小说中的主人公）死了！”这时，这位朋友才看到他的稿笺上还有泪水的湿痕。另有一天，巴尔扎克的一位朋友来访，正要敲门，只听见巴尔扎克在屋里大声嚷道：“混蛋！我要给你好瞧的！”那位朋友破门而入，发现屋里只有巴尔扎克一个人。那位朋友觉得奇怪，细问之下，才知道巴尔扎克是在对自己作品中的一个人大喊大叫——在揭露他的卑鄙行为。

福楼拜写《包法利夫人》，当写到主人公包法利夫人死时，泪如雨下，坐在地上痛哭，还不断地抽搐。这时正好有个朋友进来，他也不愿上前打招呼。这位朋友得知原因后便劝他说：“你不愿意包法利夫人死，就把她写活嘛！”福楼拜沉痛地说：“写到这里，包法利夫人非死不可，没法写活呀！”

我国明代作家汤显祖写《牡丹亭》写到《忆女》一场“赏春香还是你旧罗裙”一句时，跟剧中人一样伤心起来，跑到庭院附近一个柴火堆旁掩面大哭，家人好容易找到他，扶他起来，询问他哭的原因，汤显祖还是一个劲儿地哭，哽咽了半天，才说出话来。

当代作家姚雪垠写《李自成》，至李自成死时也禁不住为人物的命运而失声痛哭。因而他们笔下的人物形象都有真情实感，能打动读者，使人难忘。

78. 听月楼

古时候，一富翁在临街开一酒店，取名为“得月楼”，请一秀才写个匾额。秀才一时疏忽，写成了“听月楼”，富翁不愿意，秀才请一翰林帮忙。翰林答应了。

第二天，翰林衣冠整齐来到酒楼，对匾额大加赞赏，并称秀才为自己的老师，富翁莫名其妙，翰林不作解答，挥笔题诗一首：

听月楼高接太清，依楼听月最分明。
摩天咿呀冰轮转，捣药叮咚玉杵鸣。
歌罢霓裳音细细，斧修丹桂响叮叮。
忽然一阵香风起，吹落嫦娥笑语声。

在座无不折服，并将该诗题于壁上，自此，酒店生意兴隆。

想象，是一种重要的文学才能，是文学海洋的滚滚波澜。这首诗通过大胆丰富的想象，运用夸张手法，以美妙的神话传说入诗，月里玉兔捣药叮咚作响，吴刚伐桂叮叮有声，仙女伴随嫦娥在广寒宫中载歌载舞，笑语悠扬，读着如同听到月宫传来了天外之音，眼前展现出一幅神奇美丽的图景。

79. 拟对联认朋友

传说，宰相刘罗锅直言犯上，被贬官闲居江南，生活贫困，妻生孩子，家中仅有两只老母鸡。恰巧郑板桥也居于附近，非常钦佩刘罗锅的人格及书法，前去拜访。刘罗锅不接见，郑板桥便用“偷鸡之计”赚取刘罗锅写的字，并引刘罗锅来到家中。二人原来并不认识，郑板桥见有人来，便说：“坐。”随唤家人道：“茶。”刘罗锅进屋后，郑板桥一看似曾相识，便又说：“请坐。”又唤家人：“泡茶。”当刘罗锅来到郑板桥面前，郑板桥断定此人正是自己盼望结识已久的刘罗锅时，便高兴地说：“请上坐。”又急喊家人：“泡好茶。”此时，刘罗锅也断定面前之人便是大名鼎鼎的郑板桥。

二人相逢一笑，约定均不自我介绍，各拟一副对联认定对方。郑板桥挥笔写道：“锅背锅背黑锅，人正人正直人。”刘罗锅写道：“茶泡茶泡好茶，坐请坐请上坐。”二人写罢，哈哈大笑，遂为至交。

80. 奇特的想象

从前，有位秀才家贫如洗，友人来访，无啥招待。妻子急得抓耳挠腮，只得把正在下蛋的两个老母鸡赶跑，得到两个鸡蛋，秀才对妻子说：“我来做菜。”

不一会儿，菜做好了。秀才把菜端上饭桌，说：“我报告一下菜名和做法。第一盘用两个蛋黄和自家菜园里的韭菜做成，这是‘两个黄鹂鸣翠柳’。第二盘用蒸熟的蛋白排列而成，这是‘一行白鹭上青天’。第三盘用熟的碎蛋白在盘中围成一个方框，这是‘窗含西岭千秋雪’。第四盘盘子里放些水，让鸡蛋壳漂浮在上面，这是‘门泊东吴万里船’。”

穷秀才说罢，朋友哈哈大笑。苦中作乐，两个鸡蛋做四个菜，外加一首诗，秀才的想象真奇特。

我们在写文章时，也应大胆想象，驰骋想象，合理想象。

81. 温家宝总理的妙对

在 2012 年 9 月 22 日的记者招待会上，温总理回答完一位日本记者的提问后对他说：“麻烦你跟你的同胞说一声，钓鱼岛是中国的。”

日本记者说：“至少在地理上，钓鱼岛离日本更近。”总理听完笑了，淡淡地说：“在地理上，我觉得你们日本离中国也很近。”

日本记者冷汗满面，全场肃静了一会儿，继而掌声雷动。

82. 周恩来总理的睿智

美国记者采访周恩来总理时，问：“我们美国人走路时抬头挺胸，为什么你们中国人走路老低着头？”

周恩来总理回答：“因为中国人走的是上坡路，所以总是低头攀登。而美国人正在走下坡路，所以两眼望天。”

在南京长江大桥上，尼克松问周恩来总理，每天有多少人过桥，周总理回答：每天有五个人过桥，工、农、兵、学、商。

20 世纪 70 年代，一名西方记者问周恩来总理：“你们国库里到底有多少人民币？”

周总理答："共有十八元八角八分。"

据说，在尼克松访华期间，记者招待会召开之前，一名西方记者问："你们中国有多少厕所？"周恩来总理说："我们中国有两个厕所，一个男厕所，一个女厕所。"还有一名西方记者不怀好意地问："你们中国有妓院吗？"周恩来总理说："有！在台湾。"弦外之音：如果不承认这个事实，就是不承认台湾是中国领土的一部分。

83. 对话艺术

写文章就是用笔说话，也要讲究艺术。艺术性的对话，让人回味无穷，就像相声里的"包袱"，请看：

一天，德国大诗人歌德在公园散步，在一条狭窄的小路上遇到了一位反对他的批评家，这位傲慢的批评家说："你知道吗？我这个人从来不给傻瓜让路。"

歌德却说："而我却恰恰相反。"说完，闪身让批评家过去。

德国大诗人海涅是犹太人，常常遭到无端攻击。有一次晚会上，一个旅行家对他说："我发现了一个小岛，这个岛上竟然没有犹太人和驴子！"

海涅不动声色地说："看来，只有你和我一起去那个岛上，才能弥补这个缺陷。"

84. 读书治学的三种境界

国学大师王国维在《人间词话》中借古人诗词描述了读书治学的三种境界：

昨夜西风凋碧树，独上高楼，望尽天涯路。——一夜的风吹雨打把绿树摧残得凋谢了，但意志坚定的一个人还独自攀登高峰，仰望知识的天空，在博览群书。

衣带渐宽终不悔，为伊消得人憔悴。——这人像得了相思病那样，憔悴了也从不后退一步，立志苦学。

众里寻他千百度，蓦然回首，那人却在灯火阑珊处。——这个求知者，在热闹的地方寻找了千百次，也没有发现什么，但终于在灯火稀落的地方找到了她，找到了他热烈追求的新知。

85. 郭沫若改诗

1942 年 6 月，郭沫若剧作《屈原》在重庆的北碚上演。6 月 26 日下午，郭老由重庆赶到北碚。当时正是梅雨季节，小雨不停。他一手撑伞，一手抱一古铜色大花瓷瓶，准备送给饰演婵娟的张瑞芳作道具，路上已酝酿了一首诗，到后即念与剧社同人：

不辞千里抱瓶来，此日沉阴竟未开。

敢是抱瓶成大错，梅霖怒洒北碚苔。

剧社同人程梦莲听罢便说："两个'抱瓶'重复了，可不可以把第三句改成'敢是热情惊大士'，观音大士被惊动了，才把净瓶中的雨露遍洒大地呢。"郭老一听，十分欣喜，并说："干脆把'梅霖'改为'杨枝'吧。"

张瑞芳在一旁说："第四句中的'怒'字似乎太凶了。"郭老听了说："说得好！把'怒'改作'遍'吧。"沉思了一会儿，说："改作'透'吧。"后来又觉不妥，最后决定改作"惠"字。

86. 回环诗

1998 年春节期间，有人推出一种文学样式——回环诗（见下图）：

这图形里包含一首七绝和一副对联，读时要选准开头。诗是这样的：九州春色秀乾坤，色秀乾坤虎岁新。虎岁新歌迎喜瑞，歌迎喜瑞九州春。

其中的对联是：虎岁新歌迎喜瑞，九州春色秀乾坤。

回环诗古已有之，并且还有其他形式，例如：

①静 思伊久阻归期 / 暮已时醒微力 忆　　②赏 花归去马如飞 / 暮已时醒微力 酒

这种形式，你会读吗？

请看，①是这样的几句诗：静思伊久阻归期，久阻归期忆别离，忆别离时闻漏转，时闻漏转静思伊。

请看，②是这样的几句诗：赏花归去马如飞，去马如飞酒力微，酒力微醒时已暮，醒时已暮赏花归。

87. 回文联撷趣

相传清代北京有一个誉满京城的饭庄叫“天然居”。据说有一次，乾隆路过此地，触景生情，作一上联：“客上天然居，居然天上客。”下联却苦思不得，于是令群臣对之。大家正在大伤脑筋之时，素以才子著称的纪晓岚已应声对出下联：“人过大佛寺，寺佛大过人。”后来，民间有人以“僧游云隐寺，寺隐云游僧”相对则更妙。

北京的老舍茶馆，品茗听戏吸引了众多茶客戏迷，有人吟出一回文联：“前门大碗茶，茶碗大门前。”一位茶客对出下联：“满座老舍客，客舍老座满。”

在厦门鱼腹浦，有副“雾锁山头山锁雾，天连水尾水连天”的回文联，此联将鱼腹浦那令人胸襟开阔、心旷神怡的美景尽收其中。广东湛江德邻里的“我爱邻里邻爱我，鱼傍水活水傍鱼”也是令人回味的好联。

88. 周总理改词

现代京剧《沙家浜》中，阿庆嫂与胡传魁、刁德一有一段“他们到底是姓蒋还是姓汪”的对唱。这场对唱原题叫“斗智”，据说，是周恩来总理看了之后，才改作“智斗”的。

“斗智”是双方智慧的较量，看谁以智谋取胜，强调的是“斗”，这是个中性词，没有鲜明的感情色彩；“智斗”是以计策、谋略去争斗，这个“智”是阿庆嫂的“智”，胡传魁、刁德一是斗的对象，感情色彩鲜明。“斗智”是平分秋色，“智斗”则是扬我压敌。

一词颠倒，妙不可言。

89. 妙语批诗

古时候，有一秀才参加科举考试。由于平时少读诗书，考试时无以答对，结果写了一首打油诗交卷。诗曰：

未曾提笔泪涟涟，
苦读寒窗十几年。
考官要不把我取，
回家一命赴黄泉。

阅卷官见了，甚觉好笑，便在每句诗后批了两个字：

未曾提笔泪涟涟，——不必
苦读寒窗十几年。——未必
考官要不把我取，——势必

回家一命赴黄泉。——何必

这四个批语，言简意赅，妙趣横生，令人捧腹，一时被传为“妙批”。

90. 想象奇特夺状元

传说，明代有一届科举考试，伦文叙和柳先开都是当时的大才子，两人才识相当，考官难分上下，只好由皇帝审定。皇帝命以月亮为题吟诗一首。柳先开吟道：

读尽九州天下赋，
吟通四海五湖诗；
月中丹桂连根拔，
不许别人折半枝。

此诗想象丰富，气魄不小，有当仁不让之势。

伦文叙不敢马虎，吟道：

潜心奋志上天台，
瞥见嫦娥把桂栽；
偶见广寒宫未闭，
故将明月抱回来。

这首诗想象更为丰富、大胆、合理，气魄更大，居然将明月都抱回来了。皇帝点伦文叙为状元。

91. 局长改诗

某农民参加兴修水利，写了一首民歌，诗曰：“人来车往雷声动，百里长堤春潮涌，银锨飞舞龙王惊，只怕挖倒水晶宫。”诗被送给一位局长审阅。局长在“银锨”下面画一红杠，批道：“浪费！”在“飞舞”下面又画一红杠，批道：“危险！”在“龙王”下面再画一红杠，批道：“迷信！”最后一句指示：“此句可改为‘手拿铁锨挖沟渠’。”

92．“长歌一篇”欣赏

苏东坡禅友佛印禅师，尝劝东坡急流勇退，作长歌一篇，共130对字，请你读读试试。

野野 鸟鸟 啼啼 时时 有有 思思 春春 气气 桃桃
花花 发发 满满 枝枝 莺莺 雀雀 相相 呼呼 唤唤
岩岩 畔畔 花花 红红 似似 锦锦 屏屏 堪堪 看看
山山 秀秀 丽丽 山山 前前 烟烟 雾雾 起起 清清
浮浮 浪浪 促促 潺潺 湲湲 水水 景景 幽幽 深深
处处 好好 追追 游游 傍傍 水水 花花 似似 雪雪
梨梨 花花 光光 皎皎 洁洁 玲玲 珑珑 似似 坠坠
银银 花花 折折 最最 好好 柔柔 茸茸 溪溪 畔畔
草草 青青 双双 蝴蝴 蝶蝶 飞飞 来来 到到 落落
花花 林林 里里 鸟鸟 啼啼 叫叫 不不 休休 为为
忆忆 春春 光光 好好 杨杨 柳柳 枝枝 头头 春春
色色 秀秀 时时 常常 共共 饮饮 春春 浓浓 酒酒
似似 醉醉 闲闲 行行 春春 色色 里里 相相 逢逢
竞竞 忆忆 游游 山山 水水 心心 息息 悠悠 归归
去去 来来 休休 役役

读法如下：野鸟啼，野鸟啼时时有思，有思春气桃花发，春气桃花发满枝。满枝莺雀相呼唤，莺雀相呼唤岩畔。岩畔花红似锦屏，花红似锦屏堪看。堪看山山秀丽，秀丽山前烟雾起。山前烟雾起清浮，清浮浪促潺湲水。浪促潺湲水景幽，景幽深处好，深处好追游。追游傍水花，傍水花似雪。似雪梨花光皎洁，梨花光皎洁玲珑。玲珑似坠银花折，似坠银花折最好。最好柔茸溪畔草，柔茸溪畔草青青。双双蝴蝶飞来到，蝴蝶飞来到落花，落花林里鸟啼叫，林里鸟啼叫不休。不休为忆春光好，为忆春光好杨柳。杨柳枝头春色秀，枝头春色秀时常，时常共饮春浓酒。共饮春浓酒似醉，似醉闲行春色里。闲行春色里相逢，相逢竞忆游山水。竟忆游山水心息。心息悠悠归去来，归去来休休役役。

93. 语言的艺术——诗词之最

①最快的船——两岸猿声啼不住，轻舟已过万重山。（李白）

②最害羞的人——千呼万唤始出来，犹抱琵琶半遮面。（白居易）

③最多的愁——问君能有几多愁，恰似一江春水向东流。（李煜）

④最瘦的人——帘卷西风，人比黄花瘦。（李清照）

⑤最憔悴的人——衣带渐宽终不悔，为伊消得人憔悴。（柳永）

⑥最忧愁的人——抽刀断水水更流，举杯消愁愁更愁。（李白）

⑦眼力最差的人——众里寻他千百度，蓦然回首，那人却在灯火阑珊处。（辛弃疾）

⑧最深的情——桃花潭水深千尺，不及汪伦送我情。（李白）

⑨最高的楼——不敢高声语，恐惊天上人。（李白）

⑩最大的瀑布——飞流直下三千尺，疑是银河落九天。（李白）

⑪最深的雪——夜来城外三尺雪，晓驾碳车碾冰辙。（白居易）

⑫最长的头发——白发三千丈，缘愁似个长。（李白）

⑬被风吹得最远的房子——茅飞渡江洒江郊，高者挂罥长林梢。（杜甫）

⑭最穷的人——右手秉遗穗，左手悬敝筐。（白居易）

⑮最长的“马脸”——去年一滴相思泪，今年刚流到腮边。（苏东坡）

94. 语言的简约——先秦史

盘古：我开；共工：撞；女娲：补；夸父：追；精卫：填；后羿：射；仓颉：造；神农：尝；燧人氏：钻；有巢：搭；黄帝：怎么搞；尧：让；舜：再让；启：受不了。

鲧：堵；禹：疏；盘庚：迁；伯夷：采；叔齐：饿；子牙：钓；武王：伐；穆王：游；幽王：点；褒姒：笑（倾国一笑）。

干将：铸；鲁班：锯；专诸：砍；荆轲：刺；嬴政：没刺着！

孙子：谋；孔子：仁；孟子：义；老子：无为；庄子：自在；公孙龙：辩；韩非子：把这些人给我统统抓起来！……所以没了。

第八章 集锦

1. 历尽艰辛出华章

△马克思写《资本论》花了近 40 年时间，为写该书，读了 1500 多种书籍，作了 10 大本笔记。草稿完成，又经多次修改。

△达尔文写《物种起源》，从 1831 年开始环球考察到 1859 年经过 28 年才完成这部划时代的巨著。

△哥白尼写《天体运行论》用了 36 年左右的时间。从 1506 年左右开始，他着手撰写日心理论著作，1543 年，当他见到这部刚出版的著作时，他的生命已快终结了。

△巴尔扎克的小说总汇《人间喜剧》是法国 19 世纪批判现实主义文学巨著。马克思、恩格斯曾给予很高的评价。他从 20 岁开始写作，节衣缩食，每天写作十几个小时。经过紧张的 20 多年的写作，共创作长、中、短篇小说 90 多部，描写了 2000 多个人物。

△歌德写世界著名的诗剧《浮士德》花了 60 年时间。在他逝世前一年已是 82 岁的高龄时，才写完最后一部分。

△托尔斯泰写《战争与和平》参考了 700 多种历史著作，从构思到初稿，用了 40 年，先后修改过 7 次。

△司马迁写《史记》经历了约 13 年。这部世界名著共 130 篇，526500 字。司马迁为写此书作过三次大旅行，足迹几乎遍及全国。鲁迅称《史记》为“史家之绝唱，无韵之离骚”。

△司马光编写《资治通鉴》花了 19 年时间，该书共 294 卷，是中国史籍中的皇皇巨著，稿件全用端庄的楷书抄成。司马光参考的书籍除大量正史外，还有野史、笔记、小说 200 多种，计

3000 多万字。全稿修改完后，在洛阳存放的未用残稿就堆了满满两间屋子。书成后，他已“骸骨癯瘁，目视昏近，齿牙无几，神智衰耗”。

△地理学家徐霞客写《徐霞客游记》用了 30 多年时间。他从 22 岁起迈开双脚走向祖国原野，用一生的足迹和心血，最后写成这部“千古奇书”。

△李时珍写《本草纲目》用了 30 年时间，他深入民间，上山采药，参考历代医学文献 800 余种，修改三次而成。

△曹雪芹写《红楼梦》花了 10 年时间，增删 5 次，他说：“字字看来都是血，十年辛苦不寻常。”

△蒲松龄的《聊斋志异》写了 20 年，洪昇重写《长生殿》花了 9 年时间，高则成写《琵琶记》花了 3 年时间。

2. 写作谚语

△宁写一句实话，不凑百言浮夸。

△语不在多而在精，事不在多而在新。

△读书破万卷，下笔如有神。

△要学蜜蜂勤博采，留心处处皆素材。

△勤学是写作之路，善积是智慧之梯。

△玉越琢越精，文越改越好。

△反复提炼主题深，忍痛割爱文章精。

△橱窗是商店门面，题目是文章眼睛。

△层次清晰观点明，关键在于构思精。

△过渡宜自然，构思宜波澜。

△千锤百炼出好钢，再三修改出华章。

△只要勤学苦练，佳句就在眼前。

△背会唐诗三百首，不会写诗也会诌。

3. 语文差错举例

①电视中的人名误读：老舍的“舍”误读为 shè。央视 2017 年 2 月开播的《朗读者》节目中，濮存昕和董卿强调老舍的“舍”应该读作 shè，在观众中产生很大的影响。其实这是缺乏依据的，正确的读法是 shě。“舍”有 shě 和 shè 两个读音。读 shě，意为舍弃；读 shè，意为房屋。老舍原名舒庆春，字舍予，笔名老舍。“舍予”是舍我、无我的意思，“舍”即舍弃，应读第三声。老舍的“舍”和舍予的“舍”同音。根据亲友回忆，老舍生前自己也读 shě。如果读 shè，“老舍”便成了老房子，显然不是这个笔名的寓意。

②“双十一”宣传中的用字错误：“蘋”误作“萍”。今年“双十一”马云倾力打造了一部宣传影片，其主题曲《风清扬》将“青蘋之末”的“蘋”误用成了“萍”。“青蘋之末”出自宋玉《风赋》：“夫风生于地，起于青蘋之末。”青蘋，是一种草本植物，其茎横卧在浅水的泥中，叶柄伸出水面，只要水面有风，青蘋就像测风仪一样轻轻摇动。即青蘋的叶尖。后世以“青蘋之末”比喻事物处于萌芽状态。“萍”指水生植物浮萍，其叶片贴在水面上，不会随风而起。“风起于青萍之末”是不合常理的。

③热播电视剧中的读音错误：“参商”的“参”误读为 cān。2017 年热播电视剧《那年花开月正圆》中有句台词“人生不相见，动如参与商”，剧中人将“参”读成了 cān，正确的读法是 shēn。“人生不相见，动如参与商”出自杜甫诗《赠卫八处士》，“参”“商”指的是参星和商星，均是二十八宿之一。参星在西，商星在东，二星此出彼没，不会同时在天空中出现。人们常用“参商”比喻亲友分离后不得再见。“参”读 cān 时有加入、参加、参考等意，与上述台词无关。

④“虐童”事件报道中的用词错误：“非营利”误为“非盈利”。2017 年 11 月，上海“携程亲子园虐童”事件引爆媒体，

社会为之震惊。有媒体在报道中提到有关涉事单位时称之为“非盈利组织”，正确表述应是“非营利组织”。“营利”即谋求利润。“营利组织”是指以获取利润为目的的组织机构；而“非营利组织”指不以获取利润为目的的组织机构，通常指学校、医院、科研机构、图书馆及社会福利机构等。“营利组织”和“非营利组织”的区别在于其经营目的是不是以获取利润为目标。“盈利”指扣除成本后的利润，“非盈利”即不产生利润，显然不符合“非营利组织”的属性。

⑤灾害报道中的概念混淆：“飓风”误为“台风”。2017年8月哈维飓风登陆美国，给当地带来了巨大自然灾害。不少媒体在报道此事件时把“哈维”误称为“台风”。何为“飓风”何为“台风”，气象学上是按地理位置进行区别的：发生在大西洋、墨西哥湾、加勒比海和北太平洋东部的称“飓风”；发生在北太平洋西部和南海的称“台风”。被命名为“哈维”的热带气旋产生于大西洋，显然是飓风而不是台风。

⑥社会新闻报道中的法律词语误用：“起诉状”误为“起诉书”。曾闹得沸沸扬扬的王宝强离婚事件，因法院公布了新的相关调查结果，2017年再次引起热议。有媒体在报道相关新闻时，把王宝强当时递交法院起诉离婚的“起诉状”误成了“起诉书”。“起诉状”是公民、法人或其他组织为了向人民法院起诉而递交的法律文书。“起诉书”则是人民检察院依照法定程序，代表国家向人民法院对被告人提起公诉的法律文书，又称“公诉书”。“起诉状”和“起诉书”的发起人有别，属两种不同的法律文书。

⑦影视演职员表中的词语误用：“领衔主演”。影视剧演职员表中，多有“领衔主演”一项，一般都是多人并列。这是不合“领衔”一词的本义的。所谓“领衔”，是指在共同署名的文件中，排名在第一位的人。后来也指在艺术表演者的名单中，排名在第

一位的演员。不管用于什么场合，“领衔”只能是一个人，不能是一群人。

⑧不得体的礼貌用语：“敬请期待”。社会礼貌用语中，“敬请期待”呈流行趋势。商店即将开张，商家总会挂出横幅：“开业在即，敬请期待。”电视剧即将播出，电视台也会推出预告：“开播在即，敬请期待。”谦恭的“敬请”和自负的“期待”，形成了一种奇怪的组合。所谓“期待”，是充满期望的等待，这是一种主观感情的显示；强行要别人“期待”，至少是有背于传统礼仪的。正确的用法是“敬请赐候”。

⑨社会管理报道中用词错误：“城乡接合部”误为“城乡结合部”。“接合”是连接在一起的意思；“结合”则是人和事物间发生了密切联系，凝结为一个整体。“城乡接合部”是指城市与农村之间的过渡地带，这些区域在区划管理上往往比较复杂，通常兼具了城市和农村的土地利用性质。鉴于“城”和“乡”只是地理上的邻接关系，不是组织上的结合关系，是不宜写成“城乡结合部”的。

⑩商业广告中的用词错误：“一诺千金”误为“一言九鼎”。装潢公司在电视上承诺 19 天完成家装工程，拖一天罚一千元；又在报纸上连续刊登巨幅广告，主题词是“一言九鼎十九天”。类似差错也见于其他商业宣传，如“当天发货，一言九鼎”。这些“一言九鼎”都应改作“一诺千金”。“一诺千金”典出《史记》：“得黄金百斤，不如得季布一诺。”后来用“一诺千金”比喻说话算数。“九鼎”相传为夏禹铸造的九个鼎，后成为夏、商、周三代的传国宝物；“一言九鼎”的意思是一句话的分量像九鼎那样重，形容所说的话分量重、威力大。商家用“一诺千金”意在表示信守承诺，用“一言九鼎”则成了自我吹嘘。

⑪航天新闻报道中的读音错误：“载人飞行”的“载”误读

为 zǎi。2016 年 11 月 18 日，“神舟十一号”飞船在完成一系列载人飞行任务后，顺利返航着陆。总飞行时间长达 33 天，是迄今为止我国持续时间最长的一次载人飞行。

一些广播电视媒体的播音员把“载人飞行”的“载”读作了 zǎi。“载”是多音字，读 zài 时，意思是装乘、携带；读 zǎi 时，意思是记载、刊登。“载人飞行”指用飞行器承载人的飞行，应读作 zài。

⑫经济新闻报道中的用词错误：“一篮子货币”误为“一揽子货币”。2016 年 10 月 1 日，人民币正式加入国际货币基金组织特别提款权（SDR）的“一篮子货币”。不少媒体在报道这则新闻时，将“一篮子货币”说成了“一揽子货币”。

货币篮子（Currency basket）或称一篮子货币，是一个经济学术语，指设定汇率时作为参考而选择一组外币，由多种货币按不同的比重构成货币组合。而“一揽子”则指对各种事物不加选择地包揽在一起，如一揽子计划、一揽子交易等。“一篮子货币”中的货币需要精心选择，不能“一揽子”放进来。

⑬美国总统大选报道中的量词混淆：“任”误为“届”。2016 年 11 月，唐纳德·特朗普在美国总统大选中获胜，然而新闻媒体的报道却混乱不堪。有媒体说他当选美国第 45 届总统，也有媒体祝贺他当选美国第 58 届总统。事实上，部分媒体混淆了量词“任”和“届”。

美国实行总统制，每四年举行一次总统选举，总统任满 4 年为一届。如果总统在任期内因故由其他人接替，接替者仍被视为同一届总统。如果同一人在不连续的数届总统选举中当选，每当选一次就算一任。

简而言之，“届”是由选举决定的，一次选举即产生一届总统；“任”是由总统的更换来定义的，每更换一次即产生一任总统。

据美国历史，特朗普当选的是第58届美国总统，也是第45任美国总统。

⑭英国脱欧公投报道中的概念错误：“脱离欧盟”误为“脱离欧洲”。2016年6月23日，英国举行“脱欧公投”，其结果是英国“脱欧”。有些媒体在报道这次事件时，把“脱欧”解释为“脱离欧洲”。这属于明显的概念错误。其实，英国脱离的不是欧洲，而是欧盟。

欧洲联盟（European Union）简称欧盟，是一个推行欧洲经济和政治一体化的组织，其前身是欧洲共同体。英国在1973年加入欧洲共同体，1991年签署《欧洲联盟条约》。脱欧派在公投中胜出，英国脱离欧盟成为事实。而欧洲是一个地理概念，英国处在其中，不可能根据投票选择脱离这个地方。

⑮韩国“亲信门”事件报道中的用词错误：“手足无措”误为“举足无措”。2016年10月中旬，韩国总统朴槿惠被曝出亲信干政丑闻，不少新闻媒体在报道此事时，用“举足无措”来形容朴槿惠执政团队的慌张和混乱。

汉语中没有“举足无措”，只有“手足无措”。手足无措，即手和脚都没地方安放，比喻不知所从、举止慌乱。之所以会出现“举足无措”这样的误用，可能是和“举足轻重”一词发生了混搭。

⑯娱乐新闻报道中的用字错误：“凭借”误作“凭藉”。2016年11月26日，冯小刚以电影《我不是潘金莲》获“金马奖”的最佳导演奖。在报道新闻时，很多媒体都说：“冯小刚凭藉《我不是潘金莲》夺大奖……”“凭藉”是不规范的，正确的写法是“凭借”。

⑰娱乐明星的用字错误：“令人髪指”误为“令人發指”。2016年8月31日，某相声演员在其个人微博上发布了所谓家谱，

全用繁体字书写。遗憾的是，出现了好几处错误，“令人髮指”误成“令人發指”就是一例。

“发”既是“髮”（fà，毛发）的简化字，又是“發”（fā，发展）的简化字。“令人发指”的意思是，让人头发都竖了起来，形容愤怒到了极点。其“发”指头发，应该使用繁体字“髮”。

⑱词形错误：“作为”误为“做为”。2016 年某体育明星发微博就出轨一事向家人道歉。这条道歉微博说：“做为一个男人……”“做为”应是“作为”之误。

“做”“作”两字在语用中常常纠缠难辨，有时甚至含混不清，但还是有一些基本的运用规律可循的：表示抽象语义多用“作”，表示具体语义多用“做”。“作为”是介词，常用来介绍某种身份或某种性质。

⑲广告宣传中常见的用字错误：“绅士”误为“绅仕”。随着中产兴起，“绅士”一词大行其道，常现身广告中。香港明星黄宗泽 2016 年当选了某时尚杂志评选的“新绅仕”，广告随处可见，但“绅仕”其实是“绅士”之误。

“绅士”指有现代文明修养的男士，其“士”是对男子的美称，不能写作“仕”。“士”古代指未婚男子，也可做成年男子的通称，或做男子的美称；“仕”则作动词用，通常指做官。

⑳常见的食品名用字错误：“黏豆包”误为“粘豆包”。“黏豆包”是北方的一种传统点心，采用黄米、红豆等材料制作而成，触手很黏。店招、广告牌及食物包装袋上有些误写成了“粘豆包”。

“黏”是形容词，表示糨糊、胶水等具有的使物相连的性质；“粘”是动词，指依靠黏性把东西互相贴合。“黏”（nián）和“粘”（zhān）的误用有历史原因。1955 年《第一批异体字整理表》颁布实施，“黏”作为“粘”的异体字被废除，“粘”于是身兼二职，既表“粘”的意义也表“黏”的意义。但 1988 年公布《现代汉语通用字表》，又将“黏”恢复使用。

㉑诺贝尔奖报道中的用字错误：“生理学或医学奖”误为“生理学和医学奖”。2015 年 10 月，屠呦呦因发现青蒿素获“诺贝尔生理学或医学奖”，但一些媒体在报道新闻时误“或”为“和”，把奖项名称说成“诺贝尔生理学和医学奖”。诺贝尔奖在 1900 年创立，初设物理学、化学、生理学或医学、文学、和平五个奖项。1968 年，增设“瑞典国家银行纪念诺贝尔经济科学奖”，习称“诺贝尔经济学奖”。生理学和医学是两门有着密切联系但并不相同的科学，只要在其中一个领域获得杰出成就，便有获奖资格。因此，奖项名称两个学科之间用表示选择关系的“或”字连接。如果用表示并列关系的“和”连接，意思则可能成为需要在生理学和医学上同时取得建树才有获奖资格。这显然不符合该奖项的设置本意。该奖项的英文名称，两个学科间用的连接词也是表示选择关系的 or，而非表示并列关系的 and。

㉒“九三”阅兵式报道中的概念错误：“抗战胜利纪念日”误为“日本投降日”。2015 年 9 月 3 日，天安门广场举办“纪念中国人民抗日战争暨世界反法西斯战争胜利 70 周年阅兵式”。有媒体在报道新闻时，把 1945 年 9 月 3 日说成“日本投降日”。这个说法有误。1945 年 8 月 15 日，日本宣布无条件投降。9 月 2 日，日本在投降书上正式签字，中国抗日战争及第二次世界大战结束。这两个日子都和日本投降直接有关。2014 年 2 月，十二届全国人大常委会第七次会议表决通过，确定每年 9 月 3 日为中国人民抗日战争胜利纪念日。这和“日本投降日”是不同的概念。

㉓“抗战”纪念活动中的用字错误：“罄竹难书”误为“磬竹难书”。2015 年是中国人民抗日战争暨世界反法西斯战争胜利 70 周年，各地纷纷举办形式多样的纪念活动。在回忆抗战历史、控诉日本军国主义暴行的报道中，“罄竹难书”常被误成“磬竹

难书”，如“日军暴行罄竹难书”“日本军国主义罪恶罄竹难书”。“罄”本指（器皿）空，引申指用尽。古人用竹简书写，“罄竹难书”意思是把竹子用完了也难以写完，形容事实多得不可胜数。而“磬”是古代一种打击乐器，形状像曲尺，用玉、石制成。误“罄”为“磬”和字形相似有关。

㉔ APEC 会议报道中的概念错误：“亚太经合组织成员”误为“亚太经合组织成员国”。2015 年亚太经济合作组织（APEC）峰会在菲律宾马尼拉召开，一些媒体在报道会议出席情况时出现了“亚太经合组织成员国”的说法。这是经不起推敲的。亚太经济合作组织，是亚洲及太平洋地区的经济合作组织，1989 年 11 月成立。1991 年 11 月，中国以主权国家身份，中国台北和香港（1997 年 7 月 1 日起改为“中国香港”）以地区经济体名义，加入亚太经合组织。亚太经济合作组织现在共有 21 个正式成员，其中既有主权国家，也有地区经济体。“成员”和“成员国”不能混为一谈。

㉕“反腐倡廉”新闻报道中的文字错误：“严惩不贷”误为“严惩不怠”。2015 年反腐倡廉仍在深入开展，“严惩不贷”是媒体的高频用词，但常被误成“严惩不怠”。网络上还有“严惩不殆”“严惩不待”等多种错误写法。这都和没有正确理解“贷”字的字义有关。“贷”意为宽恕。“严惩不贷”指严厉惩罚，决不宽恕。“严惩”和“不贷”在逻辑上是前后呼应的。“怠”本义为轻慢，引申指懒惰、松懈等，误为“严惩不怠”有点前言不搭后语。

㉖《通用规范汉字表》公布后的常见用字错误：“勠力同心”误为“戮力同心”。用 10 年时间研制而成的《通用规范汉字表》，已于 2013 年 6 月正式公布。这是社会文字运用的法律依据。综观 2015 年的媒体用字情况，有些字在《通用规范汉字表》中已做出明确规定，但在社会用字中没有得到有力执行。“勠力同心”误为“戮力同心”便是典型的例子。

“勠”意为合、并；“勠力同心”意思是协同用力，团结一致。“勠”曾作为异体字被废止，其含义由“戮”字承担。但在《通用规范汉字表》中“勠”字已恢复使用，此后仍把“勠力同心”写成“戮力同心”，是不合规范的。

㉗名人报道中容易混淆的词：身价/身家。名人财富一直是媒体关注的焦点，比如2015年“双十一”过后，许多媒体争相帮马云计算财富，报道中常用“身价”一词来表示他的家产增额，有人说增加了十几亿，有人说增加了二十几亿。这种表述无疑混淆了“身价”和“身家”两个不同的词语。“身价”旧时指卖身钱，现在多用来表示知名人士的出场费、劳务费、转会费等，显然都与马云沾不上边。计算马云的家产应用“身家”一词。“身家”本指自身和家庭，可引申指家庭资产。

㉘足球赛事报道中的概念错误：“发角球”误为“罚角球”。中国足球虽在低水平上徘徊，但足球赛事一直是人们关注的焦点。2015年足球赛事报道中，“发角球”常被误成“罚角球”。足球比赛中，球被守方队员踢出底线，攻方队员获得发球权，在离球出界处较近的球场角落角球区内发球，此称“发角球”，也称“踢角球”“开角球”等。“罚”即处罚。在足球、篮球等球类比赛中，一方队员犯规时，由对方队员执行射门、投篮等处罚，此称“罚球”。守方队员把足球踢出底线，是正常的踢球行为，不构成犯规。“角球”不属“罚球”范围，所以是“发角球”而非“罚角球”。

㉙医学报道中的用词错误：“综合征”误为“综合症”。2015年5月，韩国暴发中东呼吸综合征疫情，引起了世界关注，但许多中文媒体在报道中把“综合征”误成了“综合症”。征，意思是征象、表征；症，意思是疾病、病症。在表示具体的疾病时，用“症”；在表示疾病的症状时，用“征”。这种用字分工，在医学界已形成共识。综合征，即代表一些相互关联的器官病变或

功能紊乱而出现的一系列症状，它指的不是某种具体的疾病，因此用“征”字。中东呼吸综合征，是指由于感染了新型冠状病毒而表现出发热、咳嗽、气短、肌肉酸痛等病征，因病例多集中在中东地区而得名。

㉚电影片名中的表达错误：《失孤》是一部以“打拐”为题材的电影，由刘德华、井柏然、吴君如等主演。影片讲述了这样一个故事：孩子走失，雷泽宽走上了长达十几年的寻子之路。途中偶遇4岁时被拐的修车工曾帅，两人结伴同行，并建立了父子般的情谊。最后雷泽宽帮曾帅找到了失散多年的亲人，而他自己则带着曾帅送他的导航仪，独自踏上寻子之路。孤，指幼年丧父或父母双亡。无论是父亲走失孩子，还是孩子被拐与父母分离，都不能称为“失孤”。“失孤”是一个莫名其妙的名字。

㉛“两会”报道中的常见用词错误：“议案”“提案”混淆。“议案”是具有法定提案权的国家机关、会议常设或临时设立的机构和组织，以及一定数量的个人，向权力机构提出审议并做出决定的议事原案。而“提案”是政协委员和参加政协的各党派、各人民团体及政协各专门委员会，向政协全体会议或者常务委员会提出的书面意见和建议。

㉜中央巡视工作报道中常见错误：“入驻”误为“入住”。“住”与“驻”都有停留的意思，但是“住”泛指通常意义的居住，“驻”则特指为军事目的或执行公务而驻扎、留驻。中央巡视组进入某地或某单位，是为执行公务而驻扎，而不是普通的居住，因此应用“入驻”，不用“入住”。

㉝国家计生新政宣传中的概念错误：“单独二孩”误为“单独二胎”。有媒体提出“单独二胎”的说法。将“一方是独生子女的夫妇”简称“单独”没有问题，但把“两个孩子”简称为“二胎”，是不准确的。“二孩”指两个孩子，“二胎”指两个胎次。

如果生育的是双胞胎，一胎已经有两个孩子，再允许生“二胎”，就可能有三个或四个孩子。这可能导致对新政的误读。

㉞ APEC 会议报道中的一个错误：“国际间”。“国际”自然是指国与国之间。其后再加上“间”，便成了叠床架屋。把“国家间”说成“国际间”，这是一种病态表述。

㉟“通信”误为“通讯”，常见于 MH370 失联事件报道中。在马航 MH370 失联事件中，许多媒体都把“通信”误为“通讯”。“通信”特指用电波、光波等传送语言、文字、图像等信息，如“通信设施”“通信系统”等。“通讯”是“通信”的旧称，全国科学技术名词审定委员会早于 2006 年已审定公布“通信”为规范词形。“通讯”则专指一种新闻体裁。

㊱明星“污点”事件报道中的常见用词错误：“拘留”误为“逮捕”。2014 年 8 月 14 日，房祖名因涉毒事件被北京警方刑事拘留，当时许多媒体报道时却说“房祖名被警方逮捕，成龙代为致歉”等是错误的。“拘留”和“逮捕”是两个不同的法律概念。“拘留”包括“刑事拘留”“行政拘留”“司法拘留”。房祖名当时属于刑事拘留。“逮捕”是司法机关依法剥夺犯罪嫌疑人人身自由，强制羁押审查的刑事措施。经审查，北京检察机关在 9 月 17 日以涉嫌“容留他人吸毒罪”批准逮捕房祖名。可见，“逮捕”是在“拘留”之后发生的事。

㊲经济新闻报道中的常见数字用法错误：阿拉伯数字和“几”连用。2014 年下半年国际油价“跌跌不休”，媒体上说“国际油价跌至每桶 70 几美元”“油价跌至 60 几美元每桶”。“70 几”“60 几”应写成“七十几”“六十几”。“几”是数词，表示二至九之间的不定的数目。国标《出版物上数字用法》明确规定：含“几”的概数，应采用汉字数字。如：几千、二十几、一百几十、几十万分之一。

㊳清明纪念活动报道中的常见知识错误："碑文"误为"墓志铭"。墓志铭，一般分志和铭两部分。志，多用散文写成，记述死者的姓名、籍贯、生平等；铭，则用韵文写成，内容是对死者的赞扬、哀悼等。墓志铭刻在石上，埋在墓内。在墓地上不可能看到墓志铭。碑文是刻在墓碑上的文字，内容为死者的姓名、生卒年月及子孙姓名等，有时也刻有死者的生平事迹。

㊴"松树"误为"鬆树"。影视作品中的常见繁体字使用错误。在影视作品中，常有用繁体字的场合。多部影视作品中，"松树"误为"鬆树"。如当年热播的《红高粱》电视剧中，便有"三徑寒鬆含露泣"的联语。其实，"松""鬆"是两个不同的字。"松"即松树，本有其字。"鬆"本义是头发乱蓬蓬的样子，引申出与"紧"相对的意思，进一步表示酥脆、放开、解开等义。简化字颁布实施后，"松""鬆"合并为"松"。但"松树"不能因此写成"鬆树"。

㊵"折桂"误为"折桂冠"。文体新闻报道中的用典错误。2014 年 8 月 31 日，香港小姐总决赛落幕，邵珮诗获得冠军，许多媒体称之为"折桂冠"。这是杂糅了"折桂"与"桂冠"两个不同的典故。古代把名列第一比喻成"桂林之一枝"，后世便用"折桂"指科举及第，现也指考试或竞赛取得优异成绩。而"桂冠"是用月桂树叶编制的帽子，古希腊人常用以授予杰出的诗人或竞技的优胜者。后也可指冠军。"桂冠"可以夺得、赢得，但不能说"折"。这一错误也常见于体育比赛报道中。

㊶央视比赛节目中的出题错误："鸡㙡菌"误为"鸡枞菌"。2013 年央视《中国汉字听写大会》总决赛冠军争夺战中，主考官出题 jīcōngjūn，荧屏公布的答案为"鸡枞菌"。其实，正确的写法是"鸡㙡菌"，"㙡"应读"zōng"。

㊷某省高考作文命题中的知识差错："英国作家戈尔丁"误为"美国作家菲尔丁"。威廉·戈尔丁是英国的小说家、诗人，

1983 年诺贝尔文学奖得主。

㊸“服法”误为“伏法”。“伏法”指犯人被执行死刑，是一种客观事实；“服法”指犯人服从判决，是一种主观态度。

㊹“泄密”误为“泄秘”。“秘”和“密”都有秘密的意思，但侧重点不同。“秘”强调内容隐蔽，客观上不为人所知，如“秘方”“秘史”“揭秘”等；“密”强调隐蔽内容，主观上不让人知道，如“密谈”“机密”“泄密”等。二者不宜搞混。

㊺“蜇人”误为“蛰人”。有媒体在报道这一事件时，把“蜇人”的“蜇”误写为“蛰”。“蜇”读 zhē 时，指蜂等用毒刺刺人或动物；“蛰”读 zhé，是蛰伏的意思。

㊻文化新闻报道中的称谓错误：文职干部误称“文职将军”。文化新闻报道中常出现“文职将军”一词，在我国军队中，专业技术三级以上文职干部享受将官相应的工资标准、生活待遇，但并没有授予相应的军衔。在我军法规条例中，并无“文职将军”这一名称。2013 年 8 月，解放军总政治部颁发了《关于规范大型文艺演出、加强文艺队伍教育管理的规定》，其中明确规定：军队中“专业技术三级以上文职干部不得称将军或者文职将军”。

㊼刑事案件新闻报道中误用“弑”。2013 年 10 月浙江温岭市某医院三名医生被患者持刀捅伤，其中一位医生不幸遇难。多家媒体在报道时称之为“弑医案”。“弑”是古语词，指臣子杀死君主或子女杀死父母。医生与患者之间不存在这种关系，不能用“弑”字。

㊽汉字书写中经常写错的字“冒”。“冒”人人都认识，但很可能落笔即错，有人说此字是汉字中的“第一易错字”。“冒”的上部下不封口，两短横与左右竖不相连，不少人误写作“曰”或“日”。

㊾律师公文中的用词错误：“受权”误为“授权”。为了解

决纠纷，企业或个人有时委托律师全权处理。接受委托后，律师常为当事人发布“律师受权声明”，但“受权”常被误成“授权”。

㊿街头店招中的常见差错：“羊蝎子”误为“羊羯子”。羊蝎子是一种常见的大众美食。因蝎、羯形似，不少街头饮食店的店招中，将“蝎”写成了“羯”。“羯”读 jié，有两个意思：一指羯羊，即阉割了的公羊；二指中国古代的一个民族，匈奴的一个别支。“羊羯子”不通。

51在谈论新闻事件时，经常用到“发酵”一词，比如“钓鱼岛争端再次发酵”。“发酵”的“酵”往往误读成 xiào。自 1985 年发布《普通话异读词审音表》后，“酵”字统读为 jiào，不再读 xiào。但几十年来，该字一再被念错。

52在报道黄岩岛事件时，媒体多次把“潟湖”误为“泻湖”。2011 年日本大地震时，媒体曾把日本地名“新潟”误为“新泻”；2012 年又把“潟湖”误为“泻湖”。“潟”音 xì，义为咸水浸渍的土地；“潟湖”是浅水海湾因湾口被淤积的泥沙封堵阻泻而形成的湖，也指珊瑚礁围成的水域。黄岩岛的潟湖，属于后一种情况。因为“泻”的繁体字“瀉”与“潟”形近，导致误读误用。

53莫言的《天堂蒜薹之歌》常被误为《天堂蒜苔之歌》。“薹（tái）”，是蒜、韭菜、油菜等生长到一定阶段时在中央部分长出的细长的茎；“苔”，是指一类苔藓植物。有人误以为“苔”是“薹”的简化字，以致把“蒜薹”写作“蒜苔”。

54在使用繁体字的场合，“皇后”的“后”常被误成“前後”的“後”。这一差错，在以往的书法作品和商品广告中多次出现。2012 年某书法家将写有“影後”二字的立轴送给某女影星，由于这一场面曾由电视报道，在社会上引起了广泛影响。

55在报道抓捕周克华的新闻时，某些媒体很不得体地把周克华称作“爆头哥”，称周克华为“爆头哥”，无疑是化残忍为一笑。

⑯女明星错用“贱内”。2012年7月，大S发布一条微博说：“老公的餐饮服务业能往这样美好的方向发展，贱内与有荣焉！”网友一时议论纷纷。“贱内”是一个谦辞，旧时是男人对别人称自己的妻子的，大S显然错了。

⑰在法制新闻报道中，“囹圄”一词常被误为“囫囵”。某影星在一份因儿子吸毒而代其道歉的声明中说儿子“又身陷囫囵，暂不能对公众有一个交代”，“囹圄”读作língyǔ，意思是监狱。“囫囵”读作húlún，意思是完整、整个儿的。

⑱在交通安全新闻报道中，“酒驾”“醉驾”纠缠不清。2012年10月，王志文在上海街头酒驾被查，不少媒体在报道时，都把“酒驾”误说成“醉驾”。“酒驾”是酒后驾驶，每100毫升的血液中酒精含量超过20毫克但不到80毫克；“醉驾”是醉酒驾驶，指每100毫升血液中酒精含量等于或大于80毫克。两者的法律后果不一样。

⑲在谈论中日钓鱼岛争端时，网络上常常把“兄弟阋于墙”误成“兄弟隙于墙”。2012年，针对钓鱼岛事件，中国大陆与台湾都采取了一系列措施。很多人喜欢引用“兄弟阋于墙，外御其侮”来说明当下的情势，但不少人不会写“阋”字，有人误成“隙”，还有人误成“嬉”。“阋”音xì，意为争吵。

⑳在使用汉字数字时，“零”和“〇”常被弄混。阿拉伯数字“0”有“零”和“〇”两种汉字书写形式。2011年开始正式实施的《出版物上数字用法》规定：一个数字用作计量时，其中“0”的汉字书写形式为“零”；用作编号时，“0”的汉字书写形式为“〇”。许多人在涉及编号的场合，错误地以“零”代“〇”。比如，“二零一二年”是错误写法，应该是“二〇一二年”。

㉑社会影响最大的语文差错是：“捍”误为“撼”。2011年5月，故宫博物院送给北京市公安局的一面锦旗上，把“捍祖国强盛”

错写成“撼祖国强盛”，舆论哗然。语文专家指出：“捍”是保卫、防御的意思；“撼”是动、摇动的意思。虽然读音相同，但两个字并不通用。故宫“撼”事，令人遗憾。

㊷最容易混淆的繁体字是復 / 複。2011 年出品的电影《辛亥革命》中，多次出现“光複”字样，其实都应作“光復”。“復”，表示转回来、还原、恢复等义，“光复”的“复”指恢复，故对应的繁体字应为“復”；“複”的本义是有里子的衣服，引申指两个或两个以上的、重复，如“山重水複”“複印”。

㊸出现在媒体上的重大知识差错：2011 年也是建党 90 周年，一些媒体把中国共产党党徽上的镰刀与锤头，误说成“镰刀与斧头”。《中国共产党章程》规定：“中国共产党党徽为镰刀和锤头组成的图案。”镰刀代表农民阶级，锤头代表工人阶级。工人阶级和农民阶级是共产党依靠的两大基本阶级。锤头和镰刀交叉的图案，代表工农联盟。

㊹灾害事故报道中经常混淆的词语是泄露 / 泄漏。日本地震引发核泄漏危机，但媒体在报道这一事件时经常将“泄漏”错写成“泄露”。语文专家指出，“泄露”的对象一般是机密信息。而“泄漏”则使用较广，凡是液体、气体等的漏出，都应当使用“泄漏”。

㊺最容易误用的称谓是村长。媒体在报道当下农村新闻时，经常把“村主任”误称为“村长”。相声小品中也常说“别把村长不当干部”。这是语言运用中的滞后现象。根据我国《村民委员会组织法》规定，村民委员会是村民自我管理的基层群众性自治组织，由主任、副主任和委员共三至七人组成。其主要领导称“村民委员会主任”，简称“村主任”。

㊻工程建设中常见的词语错误是“合龙”误为“合拢”。2011 年 7 月，杭州钱江三桥发生部分坍塌事故，不少媒体将事故

原因归结为大桥在施工中“过分强行合拢”。事实上，“合拢”应作“合龙”。传说天上的龙有吐水的本领，故人们把大坝未合龙时的流水口比作龙口，而把修筑堤坝或桥梁等从两端施工，最后在中间接合，叫作“合龙”。

㊼最容易读错的金属元素名称是“铊”。2011 年 6 月，中国矿业大学发生学生“铊中毒”事件，某些电视主持人在播报有关新闻时，把“铊”读成了“tuó”。语言专家指出，“铊”是一个冷僻字，也是多音字。读 tuó 时，同秤砣的“砣”；读 tā 时，则表示一种元素名称。

㊽使用计量单位时常见的错误是把“摄氏度”分开来说成“摄氏”多少“度”，如“摄氏 15 度”“摄氏 20 度”。准确的说法应是“15 摄氏度”“20 摄氏度”。摄氏度是法定计量单位，不能随意拆开。

㊾学生作文中容易出错的引语是“一年之计在于春”。“一年之计”容易误为“一年之季”或“一年之际”。

㊿街头商店用字中常见的差错是“家具”误为“家俱”。

⑦①最容易被写错的成语是美轮美奂。中国 2010 年上海世博会成功举办，“美轮美奂”也成为新闻媒体使用频率最高的形容词，但其中的“轮”往往被写成了“仑”或“伦”。美轮美奂指建筑物高大美观，“轮”的意义是“高大”。

⑦②最常被写错的地名是黄浦江。“黄浦”和“黄埔”音同形近，人们往往把黄浦江错写成“黄埔江”。

⑦③经常被混淆的词是截止 / 截至。“截止”的意思是活动已经停止，一般用于某一时间之后；用于某一时间之前的应当是“截至”，如“截至昨日，已有上千人报名”。

⑦④体育报道中经常用错的词是囊括。2010 年广州亚运会举办期间，“囊括”一词频频见诸新闻，例如“中国军团在 2010 年广

州亚运会囊括金牌199枚，位居金牌榜首位”。语言文字专家指出，“囊括”的意思是无一遗漏，只要不是将所有的金牌都收入囊中，就不能用“囊括”。

⑺新闻报道中容易用错的词是侧目。如：“他的研究成果解决了十多亿人的吃饭问题，令世界为之侧目。”这里的“侧目”应改为“瞩目”。所谓“侧目”，是指斜目而视，形容愤恨或者畏惧的样子。

⑻繁体字容易误认的是昼。“晝”是“昼”的繁体字，常被误认作“書”（书）或“畫”（画）。2010年中央电视台元宵晚会便把古诗名句“花市灯如昼”误读为“花市灯如书”。选入某教材的古文名篇《昼锦堂记》，也被误作《画锦堂记》。

⑼书名或栏目名称最常见的差错是“精粹”误为“精萃”。不仅电视台、报纸的时事、文摘栏目喜欢用“精萃”为名称，连许多书名也跟着犯错。其实，“精”指经拣选的好米，“粹”指纯净而无杂质的米，两者并列，引申指提炼出的好东西。而“萃”常用义为集聚，是动词，如“荟萃”“集萃”等，没有精华的意思。

⑽最容易被误读的古诗名句是“忽如一夜春风来，千树万树梨花开。”人们普遍认为它描写的是冬天的景色，梨花开放透露出春天的消息，央视“青歌赛”上就曾出现这样的理解。其实这两句诗出自唐朝边塞诗人岑参的《白雪歌送武判官归京》，它们是千古咏雪名句，写的是“胡天八月即飞雪”，并非实写梨花，也不是形容冬景。

⑾用汉字数字表示年份时常见的差错：以阿拉伯数字“0”代替汉字数字“〇”。这一差错在2010年出现频率较高。

⑿在否定句式中经常误用的词语是：无时无刻。该词常常被当成“每时每刻”使用。语言文字专家指出，“无时无刻”必须与“不”搭配才能表达肯定的意思。而“每时每刻”常与“都”搭配。

⑧1经常混淆的概念是“祖国”和“新中国”：2009年是中华人民共和国建立60周年，在相关纪念活动和媒体报道中，“祖国60岁生日”频频出现，正确的说法应是“新中国60岁生日”。“新中国”特指中华人民共和国。

⑧2日历上的常见用字错误是“己丑年”的“丑”。2009年是农历己丑年，有人以为“丑”的繁体字是“醜”，就在日历中将“己丑年”误为“己醜年”。

⑧3容易用错的成语“首当其冲”。“首当其冲”意为遭遇灾难与不幸时，首先受到冲击，不能理解为“冲锋在前”。

⑧4经常误用的量词“位”。“位”不是一个普通的量词，它含有敬重意味。但有些媒体却用其表达“一位罪犯”或“一位贪官”。“位”也不应用于自称。

⑧5引文容易张冠李戴的是“以铜为镜，可以正衣冠；以古为镜，可以知兴替；以人为镜，可以明得失”。这句话普遍被误认为是唐代名臣魏征的名言。其实，这是唐太宗在魏征去世的时候说的。

⑧6地方宣传中经常误用的词语是“故里”。一些地方为了提高知名度，号称该地是某名人的“故里”，理由是该名人曾在当地生活居住。其实，“故里”指的是故乡、家乡。住过的地方应称“故地”，住过的居室应称“故居”。旅游景点爱用繁体字书写名人故居的说明牌，却往往将“故裡”误写为“故裏”。“裡”字本有其字，和“裏外”的“裏”不相干。

⑧7网络中最容易混淆的字依旧是“帖”和“贴”。帖，音tiě，是写有文字的纸片，名词。贴，音tiē，是把薄片粘到别的物体上，动词。

⑧8时政文章中容易出错的词语是“兴亡周期律”。这个词经常被误写为“兴亡周期率”。“周期律”是一种规律，指事物发

展过程中某些特点反复出现。

⑧⑨影视剧中经常写错的人名是“貂蝉”，常被写成“貂婵”。汉代人们认为“貂”与“蝉”都是美好的事物，因此用来作美女的名字。

⑨⓪菜单上经常出现的错误菜名是“宫爆鸡丁”。正确的写法应是“宫保鸡丁”。“宫保鸡丁”的得名和清代丁宝桢有关，此人曾官封太子少保，被尊称为“丁宫保”。

⑨①“有朋自远方来，不亦乐乎”，北京奥运会开幕式用《论语》中的这句话欢迎全球来宾。然而，电视节目主持人却将 lè 误读成了 yuè。2008 年，这是国人在引用名言时经常读错的字。

⑨②社会热词中容易出错的是“三聚氰胺”。三鹿奶粉中毒事件，让生僻词语“三聚氰胺”迅速家喻户晓。“氰胺”应读 qíng’àn，但国人普遍将其误读为 qīng’ān　。

⑨③高考中，许多中学生使用“震憾”一词形容汶川大地震，正确用词应该是“震撼”。“撼”为手旁，意思是以手摇物；“憾”为心旁，意思是心有缺失。两者形近而义殊。

⑨④新闻报道中容易混淆的词是狙击 / 阻击。2008 年末全球性金融危机来势汹汹，“狙击百年一遇的金融风暴”等标题频频出现于报纸、网络上，其实这里的“狙击”应写为“阻击”。“狙击”是进攻性的偷袭，“阻击”才是防御性的阵地战。

⑨⑤出版物上容易用错的词是期间。如“期间，我参加了一次考试”。“期间”不能单独放在句首使用，应该用“其间”。

⑨⑥出版物上容易混淆的成语是“望其项背”和“望尘莫及”。前者表示差距不大，后者表示相差悬殊。一些著名作家的笔下，竟然也会出现“只能望其项背”这样的病句。

⑨⑦财经术语中，“存款准备金率”和“存款准备金利率”有时会被新闻媒体混为一谈。前者是指银行提取准备金的比率，后

者是指央行对准备金支付的利率。

⑱《红楼梦》被影视剧屡屡翻拍，“红学”登上《百家讲坛》等电视节目。但红学研究中的索隐派，一再被讲坛学者们误称为“索引派”。“索隐”是指钩沉索隐，探究故事背后的事实。而“索引”专指图书检索。两者可谓风马牛不相及。

⑲经常用错的称谓词是家父。问候别人说：“家父身体好吗？”在汉语词汇系统中，“家父”属于谦辞，只能用来称呼自己的父亲；称呼别人的父亲，习惯上用敬辞“令尊”。犯此类错误的还有主持人朱军的“家父”一例，2007 年他曾在节目中对嘉宾毛新宇说：“不久前，毛岸青去世了，首先，向家父的过世表示哀悼。”而“家父”应是称自己父亲时的谦辞。

⑳随着电影《无间道》迅速走红的佛教词语“无间道”。诸如“陷入了留学无间道”“面对股市，学会避开无间道”的用法比比皆是。从电影《无间道》问世以来，“无间道”便成了一个流行词语，媒体常用它来表示失败、痛苦或灾难。其实这是以讹传讹的结果。电影片名为“无间道”，说的却是“无间地狱”。佛教中“无间道”是信徒修炼的一个阶段，“无间地狱”是八大地狱的第八狱，入此地狱者将永受痛苦，无有间断。两者具有不同的含义。

㉑报章上常见的搭配错误还有“戴上紧箍咒”。金箍是可以戴的，而紧箍咒是咒语，只能念不能戴。

㉒“九洲”的正确写法应为“九州”。“州”本义为水中陆地，后用作行政区划名称，水中陆地也改用“洲”来加以区别。“九州”为中国的代称。地名中特别容易混淆的字：州 / 洲。如：“月儿弯弯照九州，几家欢乐几家愁。”

㉓新闻中容易用错的词语比如：娈童。“娈童”是一个有特定含义的词语，专指被女性玩弄的美少年。其实“娈”是形容词，指“美好的样子”，而在“杰克逊娈童案落下帷幕”“网络惊现

娈童犯黑名单”等新闻中，“娈”字一律被误解为“侵犯、猥亵”等动词含义。

⑩④每到中秋节时，媒体上常会引用“海上生明月，天涯共此时”，但往往把“生明月”误为“升明月”。这两句诗出自唐代诗人张九龄的《望月怀远》。一个“生”字气象万千，出神入化，是诗中的传神之笔；误为“升”字则成了直白的写实，既不忠实于原著，又削弱了诗的意境。

⑩⑤商品名称中的常见用字错误有碳烧(烤)。如“碳烧咖啡”“碳烤月饼”“碳烤牛排”等。“碳烧（烤）”均应为“炭烧（烤）”。“炭”指木炭，用木炭烧烤食物，是一种传统的食物加工方法，它可以使食物带有独特的芳香；而“碳”是一种化学元素，无法直接用作燃料。

⑩⑥计量单位中常见用字错误是吋。如：“52 吋液晶电视。”“吋”是一个淘汰字，应该改用“英寸”。1977 年国家发出《关于部分计量单位名称统一用字的通知》，淘汰了部分计量单位的旧译名用字，“吋”字是其中之一。

⑩⑦书面文字中经常混淆的词语还有，权力 / 权利。

⑩⑧成语运用中常见的词形错误是“唇枪舌剑”误为“唇枪舌战”。

⑩⑨将“像”错为“象”，这在电视字幕中出现最多。

⑪⓪将丙戌年的“戌”字错成“戍”字，这在大量的台历、挂历中出现。

⑪①“即”字与“既”字用错，如“既来之”错为“即来之”，图书出版物中出现不少这样的错误。

⑪②文体中，将“启事”写成“启示”。

⑪③新疆的“哈密瓜”因地名而得名，但大量的商店招牌中，将“密”字错写为“蜜”字。

⑪④圆明园是在 1860 年被英法联军抢掠并烧毁的，但众多的地

方将其错称为“八国联军火烧圆明园”，而八国联军是在 1900 年入侵北京的。

⑮孟子的“食色，性也”，常被误认为孔子的名言。

4.《咬文嚼字》杂志公布的最常见的 100 个别字（括号中为正确字）

①按（安）装②甘败（拜）下风③自抱（暴）自弃④针贬（砭）⑤泊（舶）来品⑥脉博（搏）⑦松驰（弛）⑧一愁（筹）莫展⑨穿（川）流不息⑩精萃（粹）⑪重迭（叠）⑫渡（度）假村⑬防（妨）碍⑭幅（辐）射⑮一幅（副）对联⑯天翻地复（覆）⑰言简意骇（赅）⑱气慨（概）⑲一股（鼓）作气⑳悬梁刺骨（股）㉑粗旷（犷）㉒食不裹（果）腹㉓震憾（撼）㉔凑和（合）㉕侯（候）车室㉖迫不急（及）待㉗既（即）使㉘一如继（既）往㉙草管（菅）人命㉚娇（矫）揉造作㉛挖墙角（脚）㉜一诺千斤（金）㉝不径（胫）而走㉞峻（竣）工㉟不落巢（窠）臼㊱烩（脍）炙人口㊲打腊（蜡）㊳死皮癞（赖）脸㊴兰（蓝）天白云㊵鼎立（力）相助㊶再接再励（厉）㊷老俩（两）口㊸黄梁（粱）美梦㊹了（瞭）望㊺水笼（龙）头㊻杀戳（戮）㊼痉孪（挛）㊽美仑（轮）美奂㊾罗（啰）嗦㊿蛛丝蚂（马）迹51萎糜（靡）不振52沉缅（湎）53名（明）信片54默（墨）守成规55大姆（拇）指56沤（呕）心沥血57凭（平）添58出奇（其）不意59修茸（葺）60亲（青）睐61磬（罄）竹难书62入场卷（券）63声名雀（鹊）起64发韧（轫）65搔（瘙）痒病66欣尝（赏）67谈笑风声（生）68人情事（世）故69有持（恃）无恐70额首（手）称庆71鬼鬼崇崇（祟祟）72追朔（溯）73金榜提（题）名74走头（投）无路75趋之若鹜（鹜）76迁徒（徙）77洁白无暇（瑕）78九宵（霄）79渲（宣）泄80寒喧（暄）81弦（旋）律82膺（赝）品83尤（犹）如猛虎下山84不能自己（已）

⑻竭泽而鱼（渔）⑻滥芋（竽）充数⑻世外桃园（源）⑻脏（赃）款⑻醮（蘸）水⑼蜇（蛰）伏⑼装祯（帧）⑼饮鸩（鸩）止渴⑼坐阵（镇）⑼旁证（征）博引⑼灸（炙）手可热⑼九洲（州）⑼床第（笫）之私⑼姿（恣）意妄为⑼编篡（纂）⑽做（坐）月子

5. 名言名句选

△关关雎鸠，在河之洲。窈窕淑女，君子好逑。（《诗经·周南·关雎》）

△昔我往矣，杨柳依依；今我来思，雨雪霏霏。（《诗经·小雅·采薇》）

△知我者，谓我心忧，不知我者，谓我何求。（《诗经·王风·黍离》）

△如切如磋，如琢如磨。（《诗经·卫风·淇奥》）

△一日不见，如三秋兮。（《诗经·王风·采葛》）

△青青子衿，悠悠我心。（《诗经·郑风·子衿》）

△所谓伊人，在水一方。（《诗经·秦风·蒹葭》）

△巧笑倩兮，美目盼兮。（《诗经·卫风·硕人》）

△手如柔荑，肤如凝脂。（《诗经·卫风·硕人》）

△人而无仪，不死何为。（《诗经·鄘风·相鼠》）

△言者无罪，闻者足戒。（《诗经·大序》）

△高山仰止，景行行止。（《诗经·小雅·车辖》）

△他人有心，予忖度之。（《诗经·小雅》）

△高岸为谷，深谷为陵。（《诗经·小雅》）

△他山之石，可以攻玉。（《诗经·小雅·鹤鸣》）

△靡不有初，鲜克有终。（《诗经·大雅·荡》）

△投我以桃，报之以李。（《诗经·大雅·抑》）

△天作孽，犹可违，自作孽，不可活。（《尚书》）

△满招损，谦受益。（《尚书·大禹谟》）

△防民之口，甚于防川。（《国语·周语》）

△从善如登，从恶如崩。（《国语》）

△辅车相依，唇亡齿寒。（《左传》）

△皮之不存，毛将焉附。（《左传》）

△欲加之罪，何患无辞。（《左传》）

△言之无文，行而不远。（《左传》）

△不去庆父，鲁难未已。（《左传》）

△外举不避仇，内举不避子。（《吕氏春秋》）

△居安思危，思则有备，有备无患。（《左传》）

△人非圣贤，孰能无过？过而能改，善莫大焉。（《左传》）

△曲则全，枉则直。（《老子》）

△知人者智，自知者明。（《老子》）

△知足不辱，知止不殆。（《老子》）

△信言不美，美言不信。（《老子》）

△将欲取之，必先予之。（《老子》）

△天网恢恢，疏而不漏。（《老子》）

△民不畏死，奈何以死惧之。（《老子》）

△祸兮福之所倚，福兮祸之所伏。（《老子》）

△大直若屈，大巧若拙，大辩若讷。（《老子》）

△合抱之木，生于毫末；九层之台，起于累土；千里之行，始于足下。（《老子》）

△言必信，行必果。（《论语·子路》）

△既来之，则安之。（《论语·季氏》）

△朝闻道，夕死可矣。（《论语·里仁》）

△不愤不启，不悱不发。（《论语·述而》）

△君子坦荡荡，小人长戚戚。（《论语·述而》）

△敏而好学，不耻下问。（《论语·公冶长》）

△己所不欲，勿施于人。（《论语·颜渊》）

△仰之弥高，钻之弥坚。（《论语·子罕》）

△学而不厌，诲人不倦。（《论语·述而》）

△人无远虑，必有近忧。（《论语·卫灵公》）

△学而时习之，不亦乐乎。（《论语·学而》）

△工欲善其事，必先利其器。（《论语·卫灵公》）

△往者不可谏，来者犹可追。（《论语·微子》）

△岁寒，然后知松柏之后凋也。（《论语·子罕》）

△学而不思则罔，思而不学则殆。（《论语·为政》）

△知者不惑，仁者不忧，勇者不惧。（《论语·子罕》）

△三军可夺帅也，匹夫不可夺志也。（《论语·子罕》）

△人谁无过？过而能改，善莫大焉。（《论语》）

△知之为知之，不知为不知，是知也。（《论语·为政》）

△知之者不如好之者，好之者不如乐之者。（《论语·雍也》）

△其身正，不令而行；其身不正，虽令不从。（《论语·子路》）

△三人行，必有我师焉：择其善者而从之，其不善者而改之。（《论语·述而》）

△一张一弛，文武之道。（《礼记·杂记》）

△大道之行，天下为公。（《礼记·礼运》）

△凡事预则立，不预则废。（《礼记·中庸》）

△学然后知不足，教然后知困。（《礼记·学记》）

△独学而无友，则孤陋而寡闻。（《礼记·杂记》）

△玉不琢，不成器；人不学，不知道。（《礼记·学记》）

△使老有所终，壮有所用，幼有所长，鳏寡孤独废疾者皆有所养。（《礼记·礼运》）

△同声相应，同气相求。（《易经·乾》）

△仁者见仁，智者见智。（《易经·系辞上》）

△物以类聚，人以群分。（《易经·系辞上》）

△路漫漫其修远兮，吾将上下而求索。（屈原《离骚》）

△长太息以掩涕兮，哀民生之多艰。（屈原《离骚》）

△亦余心之所善兮，虽九死其犹未悔。（屈原《离骚》）

△举世皆浊我独清，众人皆醉我独醒。（屈原《渔父》）

△吾不能变心以从俗兮，故将愁苦而终穷。（屈原《涉江》）

△余将董道而不豫兮，固将重昏而终身。（屈原《涉江》）

△苟余心之端直兮，虽僻远其何伤？（屈原《涉江》）

△尺有所短，寸有所长。（《楚辞·卜居》）

△黄钟毁弃，瓦釜雷鸣。（《楚辞·卜居》）

△其曲弥高，其和弥寡。（宋玉《对楚王问》）

△尽信书，不如无书。（孟子《尽心下》）

△生于忧患，死于安乐。（孟子《告子下》）

△得道多助，失道寡助。（孟子《公孙丑》）

△民为贵，社稷次之，君为轻。（孟子《尽心上》）

△人有不为也，而后可以有为。（孟子《离娄下》）

△穷则独善其身，达则兼济天下。（孟子《尽心上》）

△天时不如地利，地利不如人和。（孟子《公孙丑》）

△孔子登东山而小鲁，登泰山而小天下。（孟子《尽心上》）

△富贵不能淫，贫贱不能移，威武不能屈。（孟子《滕文公》）

△老吾老以及人之老；幼吾幼以及人之幼。（孟子《梁惠王下》）

△持之有故，言之成理。（荀子《非十二子》）

△锲而不舍，金石可镂。（荀子《劝学》）

△青，取之于蓝，而青于蓝。（荀子《劝学》）

△ 不积跬步，无以至千里。（荀子《劝学》）

△吾生也有涯，而知也无涯。（庄子《养生主》）

△君子之交淡如水，小人之交甘若醴。（《庄子》）

△知己知彼，百战不殆。（孙武《孙子兵法·谋攻》）

△避其锐气，击其惰归。（孙武《孙子兵法·军争》）

△静如处子，动如脱兔。（孙武《孙子兵法·九地》）

△博学之，审问之，慎思之，明辨之，笃行之。（《中庸·第二十章》）

△十年树木，百年树人。（管子《权修》）

△仓廪实而知礼节，衣食足而知荣辱。（管子《论积贮疏》）

△塞翁失马，焉知非福。（《淮南子·人间训》）

△临渊羡鱼，不如退而结网。（《淮南子·说林训》）

△橘生淮南则为橘，生于淮北则为枳。（《晏子春秋·内篇下》）

△流水不腐，户枢不蠹。（《吕氏春秋·尽数》）

△千里之堤，毁于蚁穴。（韩非子《喻老》）

△以子之矛，攻子之盾。（韩非子《难一》）

△亡羊补牢，未为迟也。（《战国策·楚策》）

△道不拾遗，夜不闭户。（《战国策·秦策》）

△前事不忘，后事之师。（《战国策·赵策》）

△鹬蚌相争，渔翁得利。（《战国策·燕策》）

△战无不胜，攻无不克。（《战国策·齐策》）

△士为知己者死，女为悦己者容。（《战国策·赵策》）

△风萧萧兮易水寒，壮士一去兮不复还。（《战国策·荆轲刺秦王》）

△螳螂捕蝉，黄雀在后。（《吴越春秋》）

△项庄舞剑，意在沛公。（《史记·项羽本纪》）

△众口铄金，积毁销骨。（《史记·张仪列传》）

△桃李不言，下自成蹊。（《史记·李将军传》）

△失之毫厘，谬以千里。（《史记·太史公自序》）

△燕雀安知鸿鹄之志哉。（《史记·陈涉世家》）

△运筹帷幄之中，决胜千里之外。（《史记·高祖本纪》）

△忠言逆耳利于行，良药苦口利于病。（《史记·留侯世家》）

△人固有一死，或重于泰山，或轻于鸿毛。（《史记·报任少卿书》）

△智者千虑，必有一失；愚者千虑，必有一得。（《史记·淮阴侯列传》）

△绳锯木断，水滴石穿。（《汉书·枚乘传》）

△若要人不知，除非己莫为。（汉·枚乘《上书谏吴王》）

△水至清则无鱼，人至察则无徒。（《汉书·东方朔传》）

△少壮不努力，老大徒伤悲。（《汉乐府·长歌行》）

△人生有新故，贵贱不相逾。（汉·辛延年《羽林郎》）

△有志者，事竟成。（《后汉书·耿弇传》）

△疾风知劲草，岁寒见后凋。（《后汉书·王霸传》）

△失之东隅，收之桑榆。（《后汉书·冯异传》）

△精诚所至，金石为开。（《后汉书·广陵思王荆传》）

△盛名之下，其实难副。（《后汉书·黄琼传》）

△不入虎穴，焉得虎子。（《后汉书·班超传》）

△贫贱之交不可忘，糟糠之妻不下堂。（《后汉书·宋弘传》）

△志士不饮盗泉之水，廉者不受嗟来之食。（《后汉书》）

△老骥伏枥，志在千里；烈士暮年，壮心不已。（三国·曹操《龟虽寿》）

△山不厌高，海不厌深；周公吐哺，天下归心。（三国·曹操《短歌行》）

△捐躯赴国难，视死忽如归。（三国·曹植《白马篇》）

△本是同根生，相煎何太急。（三国·曹植《七步诗》）

△鞠躬尽瘁，死而后已。（三国·诸葛亮《后出师表》）

△受任于败军之际，奉命于危难之间。（三国·诸葛亮《出师表》）

△非学无以广才，非志无以成学。（三国·诸葛亮《诫子书》）

△非淡泊无以明志，非宁静无以致远。（三国·诸葛亮《诫子书》）

△勿以恶小而为之，勿以善小而不为。（三国《刘备》）

△读书百遍，其义自见。（西晋·陈寿《三国志》）

△国以民为本，民以食为天。（西晋·陈寿《三国志》）

△司马昭之心，路人皆知。（西晋·陈寿《三国志》）

△茕茕孑立，形影相吊。（西晋·李密《陈情表》）

△奇文共欣赏，疑义相与析。（东晋·陶渊明《移居》）

△采菊东篱下，悠然见南山。（东晋·陶渊明《饮酒》）

△山气日夕佳，飞鸟相与还。（东晋·陶渊明《饮酒》）

△羁鸟恋旧林，池鱼思故渊。（东晋·陶渊明《归园田居其一》）

△久在樊笼里，复得返自然。（东晋·陶渊明《归园田居其一》）

△晨兴理荒秽，带月荷锄归。（东晋·陶渊明《归园田居其三》）

△刑天舞干戚，猛志固常在。（东晋·陶渊明《读山海经》）

△盛年不重来，一日难再晨。（东晋·陶渊明《杂诗》）

△不戚戚于贫贱，不汲汲于富贵。（东晋·陶渊明《五柳先生传》）

△木欣欣以向荣，泉涓涓而始流。（东晋·陶渊明《归去来兮辞》）

△近朱者赤，近墨者黑。（东晋·傅玄《太子少傅箴》）

△管中窥豹，时见一斑。（《晋书·王献之传》）

△笼天地于形内，挫万物于笔端。（晋·陆机《文赋》）

△余霞散成绮，澄江静如练。（南朝·谢朓《晚登三山还望京邑》）

△池塘生春草，园柳变鸣禽。（南朝·谢灵运《登池上楼》）

△登山则情满于山，观海则意溢于海。（南朝·刘勰《文心雕龙》）

△操千曲而后晓声，观千剑而后识器。（南朝·刘勰《文心雕龙》）

△句有可削，足见其疏；字不得减，乃知其密。（南朝·刘勰《文心雕龙》）

△黯然销魂者，惟别而已矣。（南朝·江淹《别赋》）

△一年之计在于春，一日之计在于晨。（南朝·萧铎《纂要》）

△蝉噪林逾静，鸟鸣山更幽。（南朝·王籍《入若耶溪》）

△天苍苍，野茫茫，风吹草低见牛羊。（《北朝民歌·敕勒歌》）

△万里赴戎机，关山度若飞。（《北朝民歌·木兰诗》）

△宁为玉碎，不为瓦全。（《北齐书·元景安传》）

△城门失火，殃及池鱼。（北齐·杜弼《檄梁文》）

△人归落雁后，思发在花前。（隋·薛道衡《人日思归》）

△相顾无相识，长歌怀采薇。（唐·王绩《野望》）

△西塞山前白鹭飞，桃花流水鳜鱼肥。（唐·张志和《渔父》）

△当局者迷，旁观者清。（宋·宋祁、欧阳修等《新唐书·元行冲传》）

△疾风知劲草，板荡识诚臣。（唐太宗《赠萧禹》）

△云霞出海曙，梅柳渡江春。（唐·杜审言《和晋陵陆丞早春游望》）

△海内存知己，天涯若比邻。（唐·王勃《送杜少府之任蜀川》）

△落霞与孤鹜齐飞，秋水共长天一色。（唐·王勃《滕王阁序》）

△少小离家老大回，乡音未改鬓毛衰。（唐·贺知章《回乡偶书》）

△不知细叶谁裁出，二月春风似剪刀。（唐·贺知章《咏柳》）

△念天地之悠悠，独怆然而涕下。（唐·陈子昂《登幽州台歌》）

△近乡情更怯，不敢问来人。（唐·宋之问《渡汉江》）

△春江潮水连海平，海上明月共潮生。（唐·张若虚《春江花月夜》）

△海上生明月，天涯共此时。（唐·张九龄《望月怀远》）

△思君如满月，夜夜减清辉。（唐·张九龄《赋得自君之出矣》）

△欲穷千里目，更上一层楼。（唐·王之涣《登鹳雀楼》）

△羌笛何须怨杨柳，春风不度玉门关。（唐·王之涣《凉州词》）

△绿树村边合，青山郭外斜。（唐·孟浩然《过故人庄》）

△春眠不觉晓，处处闻啼鸟。（唐·孟浩然《春晓》）

△野旷天低树，江清月近人。（唐·孟浩然《宿建德江》）

△黄沙百战穿金甲，不破楼兰终不还。（唐·王昌龄《从军行》）

△秦时明月汉时关，万里长征人未还。（唐·王昌龄《出塞》）

△洛阳亲友如相问，一片冰心在玉壶。（唐·王昌龄《芙蓉楼送辛渐》）

△江流天地外，山色有无中。（唐·王维《汉江临泛》）

△明月松间照，清泉石上流。（唐·王维《山居秋暝》）

△竹喧归浣女，莲动下渔舟。（唐·王维《山居秋暝》）

△行到水穷处，坐看云起时。（唐·王维《终南别业》）

△草枯鹰眼疾，雪尽马蹄轻。（唐·王维《观猎》）

△大漠孤烟直，长河落日圆。（唐·王维《使至塞上》）

△月出惊山鸟，时鸣春涧中。（唐·王维《鸟鸣涧》）

△劝君更进一杯酒，西出阳关无故人。（唐·王维《送元二使安西》）

△独在异乡为异客，每逢佳节倍思亲。（唐·王维《九月九日忆山东兄弟》）

△蜀道之难，难于上青天。（唐·李白《蜀道难》）

△举头望明月，低头思故乡。（唐·李白《静夜思》）

△清水出芙蓉，天然去雕饰。（唐·李白《论诗》）

△此地一为别，孤蓬万里征。（唐·李白《送友人》）

△浮云游子意，落日故人情。（唐·李白《送友人》）

△相看两不厌，只有敬亭山。（唐·李白《独坐敬亭山》）

△春风知别苦，不遣柳条青。（唐·李白《劳劳亭》）

△山随平野尽，江入大荒流。（唐·李白《渡荆门送别》）

△秋风吹不尽，总是玉关情。（唐·李白《子夜吴歌》）

△举杯邀明月，对影成三人。（唐·李白《月下独酌》）

△两岸猿声啼不住，轻舟已过万重山。（唐·李白《早发白帝城》）

△桃花潭水深千尺，不及汪伦送我情。（唐·李白《赠汪伦》）

△飞流直下三千尺，疑是银河落九天。（唐·李白《望庐山瀑布》）

△大鹏一日同风起，扶摇直上九万里。（唐·李白《上李邕》）

△燕山雪花大如席，片片吹落轩辕台。（唐·李白《北风行》）

△俱怀逸兴壮思飞，欲上青天揽明月。（唐·李白《宣州谢朓饯别校书叔云》）

△仰天大笑出门去，我辈岂是蓬蒿人。（唐·李白《南陵别儿童入京》）

△抽刀断水水更流，举杯消愁愁更愁。（唐·李白《宣州谢朓饯别校书叔云》）

△天生我材必有用，千金散尽还复来。（唐·李白《将进酒》）

△两岸青山相对出，孤帆一片日边来。（唐·李白《望天门山》）

△孤帆远影碧空尽，唯见长江天际流。（唐·李白《送孟浩然之广陵》）

△长风破浪会有时，直挂云帆济沧海。（唐·李白《行路难》）

△兴酣落笔摇五岳，诗成笑傲凌沧海。（唐·李白《江上吟》）

△停杯投箸不能食，拔剑四顾心茫然。（唐·李白《行路难》）

△欲渡黄河冰塞川，将登太行雪满山。（唐·李白《行路难》）

△黄河捧土尚可塞，北风雨雪恨难裁。（唐·李白《北风行》）

△我寄愁心与明月，随风直到夜郎西。（唐·李白《闻王昌龄左迁龙标遥有此寄》）

△请君试问东流水，别意与之谁短长。（唐·李白《金陵酒肆留别》）

△三山半落青山外，一水中分白鹭洲。（唐·李白《登金陵凤凰台》）

△此夜曲中闻折柳，何人不起故园情。（唐·李白《春夜洛城闻笛》）

△云想衣裳花想容，春风拂槛露华浓。（唐·李白《清平调》）

△君不见黄河之水天上来，奔流到海不复回。（唐·李白《将进酒》）

△潮平两岸阔，风正一帆悬。（唐·王湾《次北固山下》）

△晴川历历汉阳树，芳草萋萋鹦鹉洲。（唐·崔颢《黄鹤楼》）

△纵使晴明无雨色，入云深处亦沾衣。（唐·张旭《山中留客》）

△莫愁前路无知己，天下谁人不识君。（唐·高适《别董大》）

△战士军前半死生，美人帐下犹歌舞。（唐·高适《燕歌行》）

△拜迎长官心欲碎，鞭挞黎庶令人悲。（唐·高适《封丘县》）

△今夜偏知春意暖，虫声新透绿窗纱。（唐·刘方平《夜月》）

△柴门闻狗吠，风雪夜归人。（唐·刘长卿《逢雪宿芙蓉山主人》）

△朱门酒肉臭，路有冻死骨。（唐·杜甫《自京赴奉先县咏怀五百字》）

△射人先射马，擒贼先擒王。（唐·杜甫《前出塞》）

△细雨鱼儿出，微风燕子斜。（唐·杜甫《水槛遣心》）

△读书破万卷，下笔如有神。（唐·杜甫《奉赠韦左丞二十二韵》）

△香雾云鬟湿，清辉玉臂寒。（唐·杜甫《月夜》）

△好雨知时节，当春乃发生。（唐·杜甫《春夜喜雨》）

△随风潜入夜，润物细无声。（唐·杜甫《春夜喜雨》）

△感时花溅泪，恨别鸟惊心。（唐·杜甫《春望》）

△烽火连三月，家书抵万金。（唐·杜甫《春望》）

△吴楚东南坼，乾坤日夜浮。（唐·杜甫《登岳阳楼》）

△会当凌绝顶，一览众山小。（唐·杜甫《望岳》）

△白也诗无敌，飘然思不群。（唐·杜甫《 春日忆李白》）

△露从今夜白，月是故乡明。（唐·杜甫《月夜忆舍弟》）

△笔落惊风雨，诗成泣鬼神。（唐·杜甫《寄本十二白二十》）

△文章千古事，得失寸心知。（唐·杜甫《偶题》）

△敏捷诗千首，飘零酒一杯。（唐·杜甫《不见》）

△星随平野阔，月涌大江流。（唐·杜甫《旅夜书怀》）

△新松恨不高千尺，恶竹应须斩万竿。（唐·杜甫《将赴成都草堂途中有作先寄严郑公五首》）

△万里悲秋常作客，百年多病独登台。（唐·杜甫《登高》）

△无边落木萧萧下，不尽长江滚滚来。（唐·杜甫《登高》）

△为人性僻耽佳句，语不惊人死不休。（唐·杜甫《江上值水如海势聊短述》）

△尔曹身与名俱灭，不废江河万古流。(唐·杜甫《戏为六绝句》)

△窗含西岭千秋雪，门泊东吴万里船。（唐·杜甫《绝句》）

△此曲只应天上有，人间那得几回闻。（唐·杜甫《赠花卿》）

△出师未捷身先死，长使英雄泪沾襟。（唐·杜甫《蜀相》）

△思家步月清宵立，忆弟看云白日眠。（唐·杜甫《恨别》）

△正是江南好风景，落花时节又逢君。（唐·杜甫《江南逢李龟年》）

△流连戏蝶时时舞，自在娇莺恰恰啼。（唐·杜甫《江畔独步寻花》）

△别裁伪体亲风雅，转益多师是汝师。(唐·杜甫《戏为六绝句》)

△江间波浪兼天涌，塞上风云接地阴。（唐·杜甫《秋兴》）

△穿花蛱蝶深深见，点水蜻蜓款款飞。（唐·杜甫《曲江》）

△酒债寻常行处有，人生七十古来稀。（唐·杜甫《曲江》）

△白日放歌须纵酒，青春作伴好还乡。（唐·杜甫《闻官军收河南河北》）

△花径不曾缘客扫，蓬门今始为君开。（唐·杜甫《客至》）

△马上相逢无纸笔，凭君传语报平安。（唐·岑参《逢入京使》）

△忽如一夜春风来，千树万树梨花开。（唐·岑参《白雪歌送武判官归京》）

△姑苏城外寒山寺，夜半钟声到客船。（唐·张继《枫桥夜泊》）

△春城无处不飞花，寒食东风御柳斜。（唐·韩翃《寒食》）

△春潮带雨晚来急，野渡无人舟自横。（唐·韦应物《滁州西涧》）

△春风得意马蹄疾，一日看尽长安花。（唐·孟郊《登科后》）

△若待上林花似锦，出门俱是看花人。（唐·杨巨源《城东早春》）

△人面不知何处去，桃花依旧笑春风。（唐·崔护《题都城南庄》）

△今夜月明人尽望，不知愁思落谁家。（唐·王建《十五夜望月》）

△问姓惊初见，称名忆旧容。（唐·李益《喜见外弟又言别》）

△谁言寸草心，报得三春晖。（唐·孟郊《游子吟》）

△曲径通幽处，禅房花木深。（唐·常建《题破山寺后禅院》）

△山光悦鸟性，潭影空人心。（唐·常建《题破山寺后禅院》）

△不塞不流，不止不行。（唐·韩愈《原道》）

△大凡物不得其平则鸣。（唐·韩愈《送孟东野序》）

△蚍蜉撼大树，可笑不自量。（唐·韩愈《调张籍》）

△师者，所以传道授业解惑也。（唐·韩愈《师说》）

△天街小雨润如酥，草色遥看近却无。（唐·韩愈《初春小雨》）

△云横秦岭家何在，雪拥蓝关马不前。（唐·韩愈《左迁至蓝关示孙湘》）

△业精于勤荒于嬉，行成于思而毁于随。（唐·韩愈《进学解》）

△世有伯乐，然后有千里马。千里马常有，而伯乐不常有。（唐·韩愈《马说》）

△晴空一鹤排云上，便引诗情到碧霄。（唐·刘禹锡《秋词》）

△旧时王谢堂前燕，飞入寻常百姓家。（唐·刘禹锡《乌衣巷》）

△沉舟侧畔千帆过，病树前头万木春。（唐·刘禹锡《酬乐天扬州初逢》）

△东边日出西边雨，道是无晴却有晴。（唐·刘禹锡《竹枝词》）

△千淘万漉虽辛苦，吹尽狂沙始到金。（唐·刘禹锡《浪淘沙》）

△遥望洞庭山水色，白银盘里一青螺。（唐·刘禹锡《望洞庭》）

△山不在高，有仙则名；水不在深，有龙则灵。（唐·刘禹锡《陋室铭》）

△谈笑有鸿儒，往来无白丁。（唐·刘禹锡《陋室铭》）

△野火烧不尽，春风吹又生。（唐·白居易《赋得古原草送别》）

△文章合为时而著，歌诗合为事而作。（唐·白居易《与元九书》）

△几处早莺争暖树，谁家新燕啄春泥。（唐·白居易《钱塘湖春行》）

△乱花渐欲迷人眼，浅草才能没马蹄。（唐·白居易《钱塘湖春行》）

△日出江花红胜火，春来江水绿如蓝。（唐·白居易《忆江南》）

△千呼万唤始出来，犹抱琵琶半遮面。（唐·白居易《琵琶行》）

△大弦嘈嘈如急雨，小弦切切如私语。（唐·白居易《琵琶行》）

△嘈嘈切切错杂弹，大珠小珠落玉盘。（唐·白居易《琵琶行》）

△别有幽愁暗恨生，此时无声胜有声。（唐·白居易《琵琶行》）

△同是天涯沦落人，相逢何必曾相识。（唐·白居易《琵琶行》）

△回眸一笑百媚生，六宫粉黛无颜色。（唐·白居易《长恨歌》）

△在天愿作比翼鸟，在地愿为连理枝。（唐·白居易《长恨歌》）

△天长地久有时尽，此恨绵绵无绝期。（唐·白居易《长恨歌》）

△试玉要烧三日满，辨材须待七年期。（唐·白居易《放言》）

△桑柘影斜春社散，家家扶得醉人归。（唐·王驾《社日》）

△曾经沧海难为水，除却巫山不是云。（唐·元稹《离思》）

△溪云初起日沉阁，山雨欲来风满楼。（唐·许浑《咸阳城西楼晚眺》）

△水晶帘动微风起，满架蔷薇一院香。（唐·高骈《山亭夏日》）

△年年岁岁花相似，岁岁年年人不同。（唐·刘希夷《白头吟》）

△醉卧沙场君莫笑，古来征战几人回！（唐·王翰《凉州词》）

△黑发不知勤学早，白首方悔读书迟。（唐·颜真卿《劝学诗》）

△采得百花成蜜后，为谁辛苦为谁甜。（唐·罗隐《蜂》）

△日斜深巷无人迹，时见梨花片片开。（唐·戴叔伦《过柳溪道院》）

△鸟宿池边树，僧敲月下门。（唐·贾岛《题李凝幽居》）

△十年磨一剑，霜刃未曾试。（唐·贾岛《剑客》）

△两句三年得，一吟双泪流。（唐·贾岛《题诗后》）

△谁知盘中餐，粒粒皆辛苦。（唐·李绅《悯农》）

△大漠沙如雪，燕山月似钩。（唐·李贺《马诗》）

△男儿何不带吴钩，收取关山五十州。（唐·李贺《南国》）

△不见年年辽海上，文章何处哭秋风。（唐·李贺《南国》）

△昆山玉碎凤凰叫，芙蓉泣露香兰笑。（唐·李贺《李凭箜篌引》）

△女娲炼石补天处，石破天惊逗秋雨。（唐·李贺《李凭箜篌引》）

△我有迷魂招不得，雄鸡一声天下白。（唐·李贺《致酒行》）

△千里莺啼绿映红，水村山郭酒旗风。（唐·杜牧《江南春绝句》）

△南朝四百八十寺，多少楼台烟雨中。（唐·杜牧《江南春绝句》）

△二十四桥明月夜，玉人何处教吹箫。（唐·杜牧《寄扬州韩判官》）

△一骑红尘妃子笑，无人知是荔枝来。（唐·杜牧《过华清宫绝句》）

△借问酒家何处有，牧童遥指杏花村。（唐·杜牧《清明》）

△天阶夜色凉如水，卧看牵牛织女星。（唐·杜牧《秋夕》）

△停车坐爱枫林晚，霜叶红于二月花。（唐·杜牧《山行》）

△十年一觉扬州梦，赢得青楼薄倖名。（唐·杜牧《遣怀》）

△烟笼寒水月笼沙，夜泊秦淮近酒家。（唐·杜牧《泊秦淮》）

△东风不与周郎便，铜雀春深锁二乔。（唐·杜牧《赤壁》）

△春蚕到死丝方尽，蜡炬成灰泪始干。（唐·李商隐《无题》）

△身无彩凤双飞翼，心有灵犀一点通。（唐·李商隐《无题》）

△相见时难别亦难，东风无力百花残。（唐·李商隐《无题》）

△青女素娥俱耐冷，月中霜里斗婵娟。（唐·李商隐《霜月》）

△庄生晓梦迷蝴蝶，望帝春心托杜鹃。（唐·李商隐《锦瑟》）

△何当共剪西窗烛，却话巴山夜雨时。（唐·李商隐《夜雨寄北》）

△春心莫共花争发，一寸相思一寸灰。（唐·李商隐《无题·飒飒东风细雨来》）

△历览前贤国与家，成由勤俭败由奢。（唐·李商隐《咏史》）

△桐花万里丹山路，雏凤清于老凤声。（唐·李商隐《韩冬郎即席为诗相送》）

△夕阳无限好，只是近黄昏。（唐·李商隐《乐游原》）

△天意怜幽草，人间重晚晴。（唐·李商隐《晚晴》）

△风暖鸟声碎，日高花影重。（唐·杜荀鹤《春宫怨》）

△吟安一个字，捻断数茎须。（唐·卢延让《苦吟》）

△多情只有春庭月，犹为离人照落花。（唐·张泌《寄人》）

△问君能有几多愁，恰似一江春水向东流。（五代·李煜《虞美人》）

△剪不断，理还乱，是离愁，别是一番滋味在心头。（五代·李煜《乌夜啼》）

△昨夜西风凋碧树，独上高楼，望尽天涯路。（宋·晏殊《蝶恋花》）

△无可奈何花落去，似曾相识燕归来。（宋·晏殊《浣溪沙》）

△梨花院落溶溶月，柳絮池塘淡淡风。（宋·晏殊《寓意》）

△疏影横斜水清浅，暗香浮动月黄昏。（宋·林逋《山园小梅》）

△沙上并禽池上暝，云破月来花弄影。（宋·张先《天仙子》）

△先天下之忧而忧，后天下之乐而乐。（宋·范仲淹《岳阳楼记》）

△醉翁之意不在酒，在乎山水之间也。（宋·欧阳修《醉翁亭记》）

△残雪压枝犹有桔，冻雷惊笋欲抽芽。（宋·欧阳修《戏答元珍》）

△泪眼问花花不语，乱红飞过秋千去。（宋·欧阳修《蝶恋花》）

△忧劳可以兴国，逸豫可以亡身。（宋·欧阳修《伶官传序》）

△祸患常积于忽微，而智勇多困于所溺。（宋·欧阳修《伶官传序》）

△雪消门外千山绿，花发江边二月晴。（宋·欧阳修《春日西湖寄谢法曹韵》）

△月上柳梢头，人约黄昏后。（宋·朱淑真《生查子》）

△衣带渐宽终不悔，为伊消得人憔悴。（宋·柳永《凤栖梧》）

△多情自古伤离别，更那堪冷落清秋节。（宋·柳永《雨霖铃》）

△今宵酒醒何处，杨柳岸晓风残月。（宋·柳永《雨霖铃》）

△兼听则明，偏信则暗。（宋·司马光《 资治通鉴》）

△由俭入奢易，由奢入俭难。（宋·司马光《 训俭示康》）

△鉴前世之兴衰，考当今之得失。（宋·司马光《资治通鉴》）

△循序而渐进，熟读而精思。（宋·朱熹《读书之要》）

△即以其人之道，还治其人之身。（宋·朱熹《中庸集注》）

△等闲识得东风面，万紫千红总是春。（宋·朱熹《春日》）

△问渠哪得清如许，为有源头活水来。（宋·朱熹《观书有感》）

△要看银山排天浪，开窗放入大江来。（宋·曾公亮《宿甘露寺僧舍》）

△不畏浮云遮望眼，只缘身在最高层。（宋·王安石《登飞来峰》）

△春风又绿江南岸，明月何时照我还。（宋·王安石《泊船瓜洲》）

△千门万户曈曈日，总把新桃换旧符。（宋·王安石《元日》）

△看似寻常最奇崛，成如容易却艰辛。（宋·王安石《题张司业诗》）

△一年好景君须记，最是橙黄橘绿时。（宋·苏轼《赠刘景文》）

△枝上柳绵吹又少，天涯何处无芳草。（宋·苏轼《蝶恋花》）

△欲把西湖比西子，淡妆浓抹总相宜。（宋·苏轼《饮湖上初晴后雨》）

△荷尽已无擎雨盖，菊残犹有傲霜枝。（宋·苏轼《冬景》）

△不识庐山真面目，只缘身在此山中。（宋·苏轼《题西林壁》）

△竹外桃花三两枝，春江水暖鸭先知。（宋·苏轼《惠崇春江晚景》）

△旧书不厌百回读，熟读深思子自知。（宋·苏轼《送安惇秀才失解西归》）

△山高月小，水落石出。（宋·苏轼《后赤壁赋》）

△博观而约取，厚积而薄发。（宋·苏轼《杂说送张琥》）

△但愿人长久，千里共婵娟。（宋·苏轼《水调歌头》）

△人有悲欢离合，月有阴晴圆缺。（宋·苏轼《水调歌头》）

△大江东去，浪淘尽，千古风流人物。（宋·苏轼《念奴娇·赤壁怀古》）

△晚泊孤舟古祠下，满川风雨看潮生。（宋·苏舜钦《淮中晚泊犊头》）

△残雪暗随冰笋滴，新春偷向柳梢归。（宋·张耒《春日》）

△天接云涛连晓雾，星河欲转千帆舞。（宋·李清照《渔家傲》）

△生当作人杰，死亦为鬼雄。（宋·李清照《夏日绝句》）

△物是人非事事休，欲语泪先流。（宋·李清照《五陵春》）

△寻寻觅觅，冷冷清清，凄凄惨惨戚戚。（宋·李清照《声声慢》）

△莫道不销魂，帘卷西风，人比黄花瘦。（宋·李清照《醉花阴》）

△花自飘零水自流，一种相思，两处闲愁。（宋·李清照《一剪梅》）

△两情若是久长时，又岂在朝朝暮暮。（宋·秦观《鹊桥仙》）

△有情芍药含春泪，无力蔷薇卧晓枝。（宋·秦观《春日》）

△文章本天成，妙手偶得之。（宋·陆游《文章》）

△山重水复疑无路，柳暗花明又一村。（宋·陆游《游山西村》）

△僵卧孤村不自哀，尚思为国戍轮台。（宋·陆游《十一月四日风雨大作》）

△夜阑卧听风吹雨，铁马冰河入梦来。（宋·陆游《十一月四日风雨大作》）

△位卑未敢忘忧国，事定犹须待阖棺。（宋·陆游《病起书怀》）

△纸上得来终觉浅，绝知此事要躬行。（宋·陆游《冬夜读书示子聿》）

△王师北定中原日，家祭无忘告乃翁。（宋·陆游《示儿》）

△小楼一夜听风雨，深巷明朝卖杏花。（宋·陆游《临安春雨初霁》）

△出师一表真名世，千载谁堪伯仲间。（宋·陆游《书愤》）

△古人学问无遗力，少壮功夫老始成。（宋·陆游《冬夜读书示子聿》）

△三万里河东入海，五千仞岳上摩天。（宋·陆游《秋夜将晓出篱门迎凉有感其二》）

△小荷才露尖尖角，早有蜻蜓立上头。（宋·杨万里《小池》）

△接天莲叶无穷碧，映日荷花别样红。（宋·杨万里《晓出净慈寺送林子方》）

△月儿弯弯照九州，几家欢乐几家愁。（宋·杨万里《竹枝词》）

△春色满园关不住，一枝红杏出墙来。（宋·叶绍翁《游园不值》）

△绿杨烟外晓寒轻，红杏枝头春意闹。（宋·宋祁《玉楼春》）

△山河破碎风飘絮，身世浮沉雨打萍。（宋·文天祥《过零丁洋》）

△人生自古谁无死，留取丹心照汗青。（宋·文天祥《过零丁洋》）

△臣心一片磁针石，不指南方不肯休。（宋·文天祥《扬子江》）

△山外青山楼外楼，西湖歌舞几时休。（宋·林升《题临安邸》）

△沾衣欲湿杏花雨，吹面不寒杨柳风。（宋·僧志南《古木阴中系短篷》）

△风日晴和人意好，夕阳箫鼓几船归。（宋·徐元杰《湖上》）

△近水楼台先得月，向阳花木易为春。（宋·俞文豹《清夜录》）

△梅须逊雪三分白，雪却输梅一段香。（宋·卢梅坡《雪梅》）

△风流不在谈锋胜，袖手无言味最长。（宋·黄昇《鹧鸪天》）

△青山遮不住，毕竟东流去。（宋·辛弃疾《菩萨蛮》）

△明月别枝惊鹊，清风半夜鸣蝉。（宋·辛弃疾《西江月》）

△事如芳草春长在，人似浮云影不留。（宋·辛弃疾《鹧鸪天》）

△众里寻他千百度，蓦然回首，那人却在灯火阑珊处。（宋·辛弃疾《青玉案》）

△想当年，金戈铁马，气吞万里如虎。（宋·辛弃疾《永遇乐·京口北固亭怀古》）

△千古兴亡多少事？悠悠。不尽长江滚滚流。（宋·辛弃疾《南乡子》）

△二十四桥仍在，波心荡，冷月无声。（宋·姜夔《扬州慢》）

△莫等闲，白了少年头，空悲切。（宋·岳飞《满江红》）

△三十功名尘与土，八千里路云和月。（宋·岳飞《满江红》）

△予独爱莲之出污泥而不染，濯清涟而不妖。（宋·周敦颐《爱莲说》）

△着意栽花花不发，无意插柳柳成阴。（元·关汉卿《平妖传》）

△枯藤老树昏鸦，小桥流水人家，古道西风瘦马。夕阳西下，断肠人在天涯。（元·马致远《天净沙·秋思》）

△晓来谁染霜林醉？总是离人泪。（元·王实甫《西厢记》）

△花落水流红，闲愁万种，无语怨东风。（元·王实甫《西厢记》）

△不是一番寒彻骨，怎得梅花扑鼻香。（元·高明《琵琶记》）

△常将冷眼看螃蟹，看你横行到几时。（元·杨显之《潇湘雨》）

△男儿有泪不轻弹，只因未到伤心处。（元·李开先《宝剑记》）

△有缘千里来相会，无缘对面不相逢。（元末明初·施耐庵《水浒传》）

△万事俱备，只欠东风。（元末明初·罗贯中《三国演义》）

△山高自有客行路，水深自有渡船人。（明·吴承恩《西游记》）

△一叶浮萍归大海，人生何处不相逢。（明·吴承恩《西游记》）

△只要功夫深，铁杵磨成针。（宋·祝穆《方舆胜览·磨针溪》）

△路遥知马力，日久见人心。（元·无名氏《争报恩》）

△金玉其外，败絮其中。（明·刘基《卖柑者言》）

△良辰美景奈何天，赏心乐事谁家院。（明·汤显祖《牡丹亭》）

△人逢喜事精神爽，月到中秋分外明。（明·冯梦龙《古今小说》）

△粉骨碎身浑不怕，要留清白在人间。（明·于谦《石灰吟》）

△踏破铁鞋无觅处，得来全不费功夫。（明·冯梦龙《警世通言》）

△不要人夸好颜色，只留清气满乾坤。（明·王冕《墨梅》）

△风声雨声读书声声声入耳，家事国事天下事事事关心。

（明·顾宪成）

△墙上芦苇，头重脚轻根底浅；山间竹笋，嘴尖皮厚腹中空。（明·解缙）

△微微风簇浪，散作满天星。（清·查慎行《舟夜书所见》）

△铁肩担道义，妙手著文章。（清·杨继盛）

△天下兴亡，匹夫有责。（清·顾炎武《日知录》）

△十年天地干戈老，四海苍生痛苦深。（清·顾炎武《海上》）

△千磨万击还坚劲，任尔东西南北风。（清·郑板桥《竹石》）

△删繁就简三秋树，领异标新二月花。（清·郑板桥·书斋联）

△海纳百川，有容乃大；壁立千仞，无欲则刚。（清·郑板桥《对联》）

△恸哭六军俱缟素，冲冠一怒为红颜。（清·吴伟业《圆圆曲》）

△字字看来都是血，十年辛苦不寻常。（清·曹雪芹《红楼梦》）

△假作真时真亦假，无为有处有还无。（清·曹雪芹《红楼梦》）

△世事洞明皆学问，人情练达即文章。（清·曹雪芹《红楼梦》）

△眼前道路无经纬，皮里春秋空黑黄。（清·曹雪芹《红楼梦》）

△身后有余忘缩手，眼前无路想回头。（清·曹雪芹《红楼梦》）

△心病终须心药医，解铃还须系铃人。（清·曹雪芹《红楼梦》）

△落红不是无情物，化作春泥更护花。（清·龚自珍《己亥杂诗》）

△江山代有才人出，各领风骚数百年。（清·赵翼《论诗》）

△四面荷花三面柳，一城山色半城湖。（清·刘鹗《老残游记》）

△书痴者文必工，艺痴者技必良。（清·蒲松龄《聊斋志异》）

△一腔热血勤珍重，洒去犹能化碧涛。（清·秋瑾《对酒》）

△寄意寒星荃不察，我以我血荐轩辕。（鲁迅《自题小像》）

△横眉冷对千夫指，俯首甘为孺子牛。（鲁迅《自嘲》）

△心事浩茫连广宇，于无声处听惊雷。（鲁迅《无题》）

△血沃中原肥劲草，寒凝大地发春华。（鲁迅《无题》）

△忍看朋辈成新鬼，怒向刀丛觅小诗。（鲁迅《惯于长夜》）

△无情未必真豪杰，怜子如何不丈夫。（鲁迅《答客诮》）

△度尽劫波兄弟在，相逢一笑泯恩仇。（鲁迅《题三义塔》）

△一万年太久，只争朝夕。（毛泽东《满江红·和郭沫若同志》）

△今日长缨在手，何时缚住苍龙？（毛泽东《清平乐·六盘山》）

△不到长城非好汉，屈指行程二万。（毛泽东《清平乐·六盘山》）

△踏遍青山人未老，风景这边独好。（毛泽东《清平乐》）

△我失骄杨君失柳，杨柳轻飏直上重霄九。（毛泽东《蝶恋花·答李淑一》）

△红军不怕远征难，万水千山只等闲。（毛泽东《长征》）

△金沙水拍云崖暖，大渡桥横铁索寒。（毛泽东《长征》）

△五岭逶迤腾细浪，乌蒙磅礴走泥丸。（毛泽东《长征》）

△独有英雄驱虎豹，更无豪杰怕熊罴。（毛泽东《长征》）

△雄关漫道真如铁，而今迈步从头越。（毛泽东《忆秦娥》）

△赤橙黄绿青蓝紫，谁持彩练当空舞？（毛泽东《菩萨蛮·大柏地》）

△喜看稻菽千重浪，遍地英雄下夕烟。（毛泽东《到韶山》）

△为有牺牲多壮志，敢教日月换新天。（毛泽东《到韶山》）

△中华儿女多奇志，不爱红装爱武装。（毛泽东《为女民兵题照》）

△宜将剩勇追穷寇，不可沽名学霸王。（毛泽东《人民解放军占领南京》）

△天若有情天亦老，人间正道是沧桑。（毛泽东《人民解放军占领南京》）

△牢骚太盛防肠断，风物长宜放眼量。（毛泽东《和柳亚子先生》）

△红雨随心翻作浪，青山着意化为桥。（毛泽东《送瘟神》）

△天连五岭银锄落，地动山河铁臂摇。（毛泽东《送瘟神》）

△金猴奋起千钧棒，玉宇澄清万里埃。（毛泽东《满江红·和郭沫若同志》）

△四海翻腾云水怒，五洲震荡风雷激。（毛泽东《满江红·和郭沫若同志》）

参考资料

1. 每年的《读者文摘》。
2.《咬文嚼字》1995—2008 年每年的合订本，上海文化出版社。
3.《趣味语文》，广州市郊区师范学校编著，科学普及出版社广州分社，1981 年 7 月出版。
4.《写作趣闻录》，白润生著，人民日报出版社，1983 年 9 月出版。
5.《初中语文复习与检测》,大象出版社,1993 年出版。
6.《普通逻辑》，《普通逻辑》编写组，上海人民出版社，1982 年 5 月出版。
7.《诗经选译》，赵浩如著，上海古籍出版社，1980 年 2 月出版。
8.《唐诗三百首》，〔清〕蘅塘退士编著，内蒙古人民出版社，1994 年 10 月出版。
9.《宋词三百首全解》，蔡义江著，复旦大学出版社，2008 年 1 月出版。
10.《元曲三百首全解》，史良昭著，复旦大学出版社，2007 年 1 月出版。

后记

勤劳智慧的中华民族，为我们创造了灿烂的民族文化，就世界范围来说，汉语是使用人数最多的语言，差不多平均五个人就有一个说汉语的，汉语的传播已遍及五大洲，是联合国五种通用语言之一。作为一个中国人，首先要学好本民族的语言，可是“语言这东西，不是随便可以学好的，非下苦功不可”（毛泽东语）。本人在长期的高中、初中语文教学工作中编写了一些关于语言文字等方面的顺口溜，辑录了一些逸闻趣事，以激发大家学习语文的兴趣。

本书按中考、高考语文考试内容编排，依次划分为语音、标点、文字、语法、修辞、逻辑、写作、集锦等章节，希冀对参加中考、高考的莘莘学子有所裨益。

本书在编写的过程中，参阅了《趣味语文》《写作趣闻》等书，在此一并向作者致以衷心的谢意。

由于本人水平有限，错误是难免的，欢迎读者、专家批评指正。

编者